企业高管
晋升激励
与企业创新理论分析
与实证检验

顾春霞　编著

QIYE GAOGUAN
JINSHENG JILI
YU QIYE CHUANGXIN LILUN FENXI
YU SHIZHENG JIANYAN

西南财经大学出版社

中国·成都

图书在版编目(CIP)数据

企业高管晋升激励与企业创新理论分析与实证检验/
顾春霞编著.--成都:西南财经大学出版社,2025.1.--ISBN 978-7-
5504-6539-8

Ⅰ.F272.92;F275.1

中国国家版本馆 CIP 数据核字第 202444LY18 号

企业高管晋升激励与企业创新理论分析与实证检验

QIYE GAOGUAN JINSHENG JILI YU QIYE CHUANGXIN LILUN FENXI YU SHIZHENG JIANYAN

顾春霞　编著

责任编辑:李特军
助理编辑:王晓磊
责任校对:陈何真璐
封面设计:墨创文化
责任印制:朱曼丽

出版发行	西南财经大学出版社(四川省成都市光华村街 55 号)
网　　址	http://cbs.swufe.edu.cn
电子邮件	bookcj@swufe.edu.cn
邮政编码	610074
电　　话	028-87353785
照　　排	四川胜翔数码印务设计有限公司
印　　刷	郫县犀浦印刷厂
成品尺寸	170 mm×240 mm
印　　张	12
字　　数	202 千字
版　　次	2025 年 1 月第 1 版
印　　次	2025 年 1 月第 1 次印刷
书　　号	ISBN 978-7-5504-6539-8
定　　价	78.00 元

前言

改革开放以来，我国经济经历了四十余年的增长，取得了卓越的成就。然而，在经济增长的背后，"结构性失衡""重复建设""行业投资过热""产能过剩"等问题逐渐显现，我国经济进入新常态。为了适应这一变化，我国政府提出了"供给侧结构性改革"，要求中国经济从要素驱动、投资驱动向创新驱动转变。而国有企业在我国国民经济中具有举足轻重的地位，因此本书着重对国有企业的创新问题展开分析。

高管是企业决策的制定者和执行者，因此，对高管进行激励是缓解委托代理问题的重要手段。激励形式分为物质上的激励和精神上的激励。一方面，国有企业高管是企业的"经理人"；另一方面，部分国有企业高管具备行政级别，即具有"准官员"身份，因此激励形式对于具有双重身份的国有企业高管而言，更加多样化。国企高管可以在企业内部获得晋升，获取更大的企业决策权，另外，其同时具有行政级别，有机会进入行政机构成为政府官员，因此，作为重要的激励方式，晋升激励对国有企业创新投资的影响不容忽视。另外，治理环境对于经济主体的行为动机、经营决策，以及经济主体的经营成果、社会经济发展都具有重要的影响。

因此，本书从"人性假设"出发，结合我国制度背景和国有企业高管身份特性，分析并论证了晋升激励是对国有企业高管一种重要的隐性激励形式；通过文献梳理、现实情境分析，分析晋升激励下国有企业高管可能的行为模式，总结归纳出国有企业高管晋升的路径，基于此，分析晋升对创新投资的影响；基于制度理论，分析外部治理环境对高管晋升与创新投资关系的影响。研究发现，国有企业高管存在两条可能的晋升路径，即职业路径、行政路径。国有企业高管为了获得晋升，会抑制创新投资。政府干预较弱、法治水平较高时这种抑制的效果会减弱。本书对于丰富我国国有企业创新问题的研究，以及国有企业高管激励问题的研究有着重要的理论价值，同时，对上述问题的解答对于促进我国国有企业改革也具有重要意义。另外，本书对于国有企业高管激励问题的研究结论，也可为其他企业创新提供帮助。

顾春霞

2024 年 12 月

目录

第一部分　理论分析

第二部分 实证检验

第一部分
理论分析

第一章 绪论

第一节 研究背景

一、现实背景

改革开放四十余年来，中国经济快速增长，取得了卓越的成就。一方面，中国建立了全面的生产体系，完成从初级工业经济到高级工业经济的变革；另一方面，经济规模和生产总量不断增长，中国的国际地位也持续提升，2001 年中国加入世界贸易组织（WTO），到 2023 年中国国内生产总值（GDP）达到 17.9 万亿美元，占世界经济总量的 14.4%，成为世界第二大经济体。然而在经济增长的背后，"结构性失衡""重复建设""行业投资过热""产能过剩"等问题逐渐显现，我国经济已由高速增长阶段转向高质量发展阶段，正处在转变发展方式、优化经济结构、转换增长动能的关键期。

在认清我国处于"经济新常态"的形势下，党的十九大、二十大对我国经济改革作出了重要部署，提出了以供给侧结构性改革为主线的改革方略，要求中国经济改革、转型和创新，从要素驱动、投资驱动向创新驱动转变。2018 年的多次国际贸易摩擦警示我们，作为世界上最大的发展中国家，中国在科学技术取得重大发展的同时，部分核心技术仍受制于人，飞跃发展受到压制。发展高新技术是提升我国自主创新能力、打破外部约束的关键。

国有企业在我国国民经济中的地位举足轻重，作为"中国制造 2025"的中坚力量，国有企业的价值创造和可持续发展的能力对我国经济发展发挥着决定性的作用。因而,国有企业改革是我国经济改革最重要,同样也是最艰巨的任务。党的十八大提出了国企改革的顶层设计,党的十八届三中全会之后,政府优化了国有企业改革顶层设计,实施了国有资产监管机构以管资本为主、发展混合所有制经济、混合所有制企业员工持股、健全企业董事会等改革试点。党的十九大关于经济改革部分强调较多,同时强调国有资本的做强做优做大,要求努力培育出一批具有全球竞争力的世界一流企业。党的二十大要求深化国资国企改革,加快国有经济布局优化和结构调整,推动国有资本和国有企业做强做优做大,提升企业核心竞争力;完善中国特色现代企业制度,弘扬企业家精神,加快建设世界一流企业。

创新是引领发展的第一动力,是建设现代化经济体系的战略支撑,也是国有企业做强做优做大的重要途径。因此,国有企业创新问题是理论界和实务界关注的重点。

创新决策是企业重要的企业决策之一,而高管是企业决策的制定者和执行者(Hambrick,1984),对于企业创新有重要影响。然而创新投资风险较高、投资回报周期较长(Holmstrom,1989),在现代公司治理制度所有权和经营权分离的情况下,管理者出于自身利益的考虑,往往选择规避风险较高的创新投资项目(Manso,2011)。有学者认为完善契约设计、增强长期激励是提高企业创新投资的有效激励手段(姜涛 等,2012)。然而,国有企业高管有别于其他性质企业的高管,他们有内部编制和行政级别,其行政级别和待遇参照公务员体系。在政府和国有企业之间存在着"旋转门"的现象,即国有企业高管存在向各政府部门调职的空间,政府官员又存在向国有企业调职的空间,且近年来这种双向调动越来越频繁(青美平措,2014)。因此,国有企业高管具备双重身份,除了是企业"经理人"之外,还是具有行政级别的"准官员"(杨瑞龙 等,2013)。作为非典型的"经理人",仕途上的发展、政治身份的提高对国有企业高管有重要的激励作用(杨瑞龙 等,2013)。本书中的晋升激励代指国企高管离开企业进入政府部门任职,行政级别提高这一激励机制。那么,作为重要激励机制之一的国企高管晋升激励对国有企业创新投资有何影响呢?

国企改革是我国经济改革的重点,对我国国有企业发展有指向性影响，因此探讨国有企业问题，不能跳脱对国企外部治理环境的分析。就我国国有企业所处的外部治理环境而言，一方面，我国国有企业与政府有着千丝万缕的联系，各级政府是国有资产的委托人、所有者，对国有企业有管理、监督的职能；然而各级政府又都不是真正意义上的产权拥有者，只是"职能委托人"，同样会由于政府目标与国有企业目标不一致，产生国有企业的委托代理问题。政府能够左右所辖国有企业高管的考核和任免。另一方面，同样由于国有企业委托层级过多，所有者对于经理人的监督管理不到位，国有企业委托代理问题、国有资产流失问题时有发生，完善的法律制度对于保障投资者的合法权利起到了至关重要的作用。考虑到上述因素的存在，在研究国有企业高管晋升激励对创新投资影响的问题时，如果不深入分析外部治理环境因素的影响，研究势必会显得不足。因此，本书主要研究的问题就是，对于企业创新问题而言，高管晋升激励扮演了什么角色，即晋升激励对创新投资有何影响？另外，考虑到外部治理环境的影响，不同治理环境的差异对于晋升激励与创新投资之间的关系又有何影响？

二、理论背景

企业创新问题一直是学者关注的重点话题。影响企业创新投资的因素很多，包括市场需求（陈仲常 等，2007）、政府干预（陈爽英 等，2010；江雅雯 等，2012）、制度环境（石宇鹏 等，2013；党力 等，2015）、税收制度（王苍峰，2009）、金融发展等外部因素，以及企业规模（Bosworth，2001；刘笑霞 等，2009）、资本结构（Baysinger et al.，1989）、企业盈利能力、企业高管任期（刘运国 等，2007）、企业税收、企业治理水平（Hill et al.，1988；Holmstrom，1989；Baysinger et al.，1991；Francis et al.，1995）等内部因素。具体到国有企业的创新投资，有学者研究政府补贴（李婧，2013）、企业家特质（骆品亮，1997）的影响；也有学者从高管激励的角度研究企业创新、研发投资的问题，但是激励模式多为薪酬激励（Balkin et al.，2000）、股权激励（姜涛，2012）和内部晋升激励（张兆国 等，2014）。目前，具体到国有企业创新的问题，学者们主要基于我国国有企业"政治身份"带来的优势和劣势进行研究（苏敬勤，2015）。一方面，国有企业与政府有天然的联系，能够凭借自身所有制优势获得非国有企业难以获得的许多政策支持、资源投入等（余明桂 等，2010），进而促进企业创新（苏敬勤 等，2016；Ralston et al.，2006）；另一方面，国有企业所具有的天然优势，在我国社会主义市场经济体制下，也会给其带来劣势，如控制权缺少、行政垄断、行政化管理、企业目标不明确等，这些因素都导致国有企业资源利用效率低、创新动力不足等问题的出现（杨洋 等，2015），且国有企业需要承担政府分配的政策性负担（周权雄，2010；张霖琳 等，2015）以及政府的社会责任（刘青松 等，2015）等，这些都影响了国有企业创新资源的有效利用，抑制了其创新。

有学者分析企业高管的政治关联对创新投资的影响（罗明新 等，2013；袁建国 等，2015），认为政治关联会降低市场竞争、影响企业内部资源配置，从而抑制创新。然而这类研究多是针对民营企业样本的。针对国有企业样本，有学者基于委托代理、管理者权力等理论分析高管薪酬激励、股权激励、控制权激励等对创新的影响。然而这类研究忽略了国有企业高管身份的特殊性。国有企业高管具有"经理人"和"政治人"双重身份，且与政府官员之间存在频繁的双向流动，政治晋升是国有企业高管重要的隐性激励机制（杨瑞龙 等，2013；张霖琳 等，2015；刘青松 等，2015）。

隐性激励中的政治晋升主要指政府官员的晋升。20 世纪 80 年代，我国官员晋升考核基础开始转变为以经济绩效为主，官员基于 GDP 考核体制的政治晋升促进了我国经济的快速发展（Maskin et al.，2000；Blanchard et al.，2000；周黎安 等，2005），其主要诉诸公共基础设施投资（皮建才 等，2012；王世磊 等，2008）、招商引资（徐现祥 等，2010；王贤彬 等，2010）、土地权转让（梁若冰，2009；王贤彬 等，2014；张莉 等，2011），但是该种晋升考核制度会造成社会资源过度消耗（谭劲松 等，2012；江飞涛 等，2012；于春晖 等，2015）、环境恶化（金智，2013；江飞涛 等，2012）等经济后果（金智，2013），以及过度投资（潘红波 等，2008）等问题。关于政府官员政治晋升对创新投资影响的研究，普遍结论为政府官员为了追求政治晋升会导致管辖区内的创新投资降低（解维敏，2012）。

关于国企高管晋升激励的效果目前并没有统一结论。有学者认为晋升激励可以弥补薪酬激励的不足（徐细雄 等，2012），抑制高管的在职消费（王增 等，2014），提高企业总体绩效（刘青松 等，2015）。也有学者认为，高管为了达到行政级别晋升的目标，会产生更多的并购行为（陈仕华 等，2015）、更多的短期行为，而有损企业的长久发展（郑志刚 等，2012），降低企业投资效率（许年行 等，2012）。晋升激励是国有企业高管的外部晋升机制，是我国现行经济体制下国企激励机制的重要方式之一。

第二节 研究意义

一、理论意义

第一，本书基于政治晋升锦标赛理论分析国有企业高管晋升激励。在具体分析时，本书探讨了政治晋升锦标赛理论的适用条件，包括明确指标、权力集中、成绩可分离、领导人有重要影响等。对比国有企业高管晋升激励的客观条件，本书发现对于国有企业高管的考核有经济指标，也有非经济指标，非经济指标常常并不客观明确；同时在国有企业中，国有企业高管的努力和考核指标之间的关系存在信息噪音，难以严格界定。这可能是影响国有企业高管的晋升激励效率的重要原因，也是国企高管晋升评价机制运行出现效率损失的原因之一。本书的研究有助于推动政治晋升锦标赛的理论研究。

第二，本书从"人性假设"出发，结合制度背景和企业高管身份特性，分析并论证了晋升激励能够显著激励国有企业高管。通过文献梳理、现实情境分析，本书分析了晋升激励下企业高管可能的行为模式，总结归纳出高管晋升的路径：职业路线、行政路线。本书将激励理论具体应用到国有企业高管这一类有别于西方企业高管的经济主体上，结合具体情境，深化了激励理论的适用性，丰富了国有企业高管激励的相关研究。

第三，本书基于委托代理理论，梳理并总结国有企业委托层级较多、参与方存在角色重叠且富有行政色彩的委托代理现状，结合国有企业高管晋升的路径分析晋升激励对创新投资的影响。本书丰富了委托代理理论情境化的相关研究。同时，从国有企业高管晋升激励的角度分析国有企业创新问题，本书认为高管作为"政治人"会影响企业创新，该研究结论也扩展并深化了国有企业创新问题的研究。

第四，激励与企业决策的关系还会受情境因素的影响，研究国有企业晋升激励与创新投资两者的关系必然无法避免对制度环境的探讨。本书基于制度理论，在中国特殊的制度背景下，分析外部治理环境对国有企业晋升激励与创新投资关系的影响。本书进一步分析了国有企业晋升激励与创新投资两者的关系，同时丰富了制度理论的相关研究，也为后续研究提供了有益的理论参考和研究积淀。

二、实践意义

第一，在国企改革进程中，为提高企业创新能力提供实践指导。中国特色社会主义进入新时代后，赶超发达国家的动力是创新。创新是经济持续稳步增长的动力，作为我国重要经济支柱的国有企业，其创新对我国经济发展有重要影响。本书结合我国现阶段的制度背景，从国有企业高管晋升的角度研究企业创新问题，发现国企高管晋升激励对于国企创新有抑制作用，而较少的政府干预、较高的法治水平能够显著缓解该抑制作用。该研究结论为我国国有企业提高创新投资提供了数据支持和决策依据。

第二，为现阶段国企改革方向提供了数据支撑。与多数西方国家不同，我国国有企业来源于行政化治理下国营经济的改革，历经放权让利、承包责任制、现代企业制度建设、混合所有制改革等多个阶段。而在这个过程中，高管作为国有企业重要的决策者和经营者，对其的激励机制一直是国企改革的重点和难点之一。本书从晋升激励角度分析，发现行政级别晋升对于具备"经理人""政治人"双重身份的国有企业高管而言有显著的激励作用。然而，目前晋升标准不明确、国有企业目标多样化等，导致晋升激励机制在运行过程中存在效率损失现象。该研究结论为"分类改革与监管"的国企改革提供了数据支撑。

第三，为国家宏观治理政策提供重要参考。本书基于制度理论，在中国特殊的制度背景下，从政府干预程度和法治水平两个维度，进一步分析外部治理环境对国有企业晋升激励与创新投资关系的影响，通过理论分析和实证检验研究发现，较少的政府干预、较高的法治水平能够显著减少晋升激励带来的效率损失。学者们认为政府干预经济可以矫正和改善"市场失灵"。那么如何有效干预？另外，在立法相对完善的前提下，如何有效提高执法水平和执法质量？这些都是政府需要考虑的问题。本书以国有企业创新投资为落脚点，分析政府干预和法治水平的影响，以期为国家宏观治理政策提供参考。

第二章 理论文献综述

本书主要研究的问题是国有企业高管晋升激励对创新投资的影响，同时进一步分析治理环境对上述关系的作用，涉及的核心概念包括晋升激励、治理环境和创新投资，因此本章对上述三个概念进行研究范畴的界定。另外，本章从委托代理理论、激励理论、锦标赛理论出发，分析相关理论基础，同时从晋升激励与经济行为、创新投资两个方面的文献进行回顾，并对每部分理论、文献进行梳理和归纳，总结当前的研究热点和未来的发展方向。

第一节 研究范畴界定

一、治理环境

治理环境区别于公司治理机制，公司治理机制是企业的权力安排，是两权分离条件下，确定所有者如何授权、经理人如何行使权力、所有者如何管理监督的企业内部制度安排，而治理环境是公司治理机制发挥作用的基础（李维安 等，2010）。治理环境是指企业内外部治理机制发挥作用所处的外部环境（夏立军 等，2005），即制度环境。

对于"治理环境"的概念，目前并没有比较统一的界定。夏立军和方秩强（2005）认为公司治理环境较公司治理机制而言更为基础，至少包括"产权保护、政府治理、法治水平、市场竞争、信用体系、契约文化等方面"。该定义获得了学术界的认可，被多数学者采纳。

然而在治理环境内涵的限定方面，学者们的观点存在一定差异。国外学者一般以国别为单位来研究治理环境的差异。La Porta（2006）等人的一系列研究将法律机制、产权保护机制作为制度因素的代理变量，研究国家间的环境差异。Dinc（2005）将政治选举活动作为制度影响因素。Hughes（2009）以欧洲 12 个国家为研究对象，将投资者保护水平作为重要的制度因素。

中国地域辽阔，地区间文化、经济、政策安排等存在巨大的差异，导致地区间的治理环境也存在较大差异，这为研究治理环境对企业经营的影响提供了有利条件。樊纲等（2003）用市场化进程指数衡量地区发展差异，涉及五个方面、23 个分指标，主要衡量不同地区非国有经济的发展、政府与市场的关系、要素市场的发育程度、产品市场的发育程度，以及市场中介组织发育和法律制度环境。夏立军等（2005）、李延喜等（2012）、杨兴全等（2010），以及樊纲等（2003）采用市场化进程、政府干预、法治水平三个指数度量公司所处的不同地区的治理环境指数。贺炎林等（2014）采用地区虚拟变量和市场化指数作为治理环境的代理指标。冯旭南等（2011）以政府质量、产权保护水平、法治水平作为代理变量。李延喜等（2015）采用政府干预、金融发展水平、法治水平这三个指标作为治理环境的代理变量。万华林等（2010）以政府干预水平、政府服务质量、法律保护状况作为治理环境的代理变量。许家云等（2016）以樊纲的市场化进程指数衡量治理环境。

综上所述，当前研究主要以樊纲等（2003）的中国市场进程指数为核心进行调整来衡量治理环境，其中以采用市场化进程总指标，结合政府干预和法治水平两个分类指标综合度量公司所处的不同地区的治理环境指数的文献居多。

本书所指治理环境包含政治、经济、文化等一系列要素。我国各地区企业所面临的治理环境随着历史的变迁不断演变，只有将环境要素引入企业问题的分析中才能更透彻地了解高管行为、企业行为的深层原因。我国的市场运行机制是市场机制和行政治理相结合的机制，政府在市场经济中扮演"帮助之手"和"掠夺之手"（李莉 等，2013）的双重角色，对于企业有很强的干预动机和干预能力，因此政府干预程度的强弱影响企业的生存发展。对于国有企业而言，政府干预也是其高管行为、企业行为的基础。同时，完善的法律制度对于投资者的合法权利的保障能起到至关重要的作用。对于国有企业而言，国有企业资产所有权归全国人民，由全国人民代表大会代为管理，这是初始委托，全国人民代表大会又委托给国务院下属国有资产监督管理委员会代为管理，最后到企业中，企业的经营者是最终的代理人。其委托层级过多，所有者对于经理人的监督管理不到位，导致国有资产流失。因此法治水平是企业治理环境的重要内容之一。

综上所述，本书参考前人成果，并结合本书研究内容，以樊纲和王小鲁（2003）的中国市场进程指数为核心，将治理环境区分为政府干预程度、法治水平这两个细分指标。

二、晋升激励

"晋升"在《现代汉语词典》（第 7 版）第 682 页中的含义是"提高（职位、级别）"，在人力资源方面的含义是"朝着比上一个工作岗位具有更高的挑战性、更大的职责范围并且可以享受到更多职权的工作岗位流动的过程"。有学者认为晋升是社会组织与团体根据有关政策制定的对各类行政管理人员、专业技术人才的职务、职称、级别等进行提升的制度和措施（Baker et al.，1988）。个人对于晋升的追求受到自我价值实现目标的驱使，是对自我素质、能力的认定，并期望自我的付出与成果得到组织的认可（张兆国 等，2014）。

现代公司制企业的重要特征是经营权与所有权分离的委托代理关系，探究高科技企业创新决策行为无法避开委托代理问题。高管是企业决策的制定者和执行者，对高管进行激励是所有权和管理权分离的经济背景下解决委托代理问题的重要手段。激励形式既包括物质上的激励，也包括精神上的激励。"晋升"是一种激励机制，由于更高一级岗位的稀缺性，在公司中设立竞争机制，可以充分调动员工工作的主动性和积极性，提高员工的工作效率和个人素质（舒晓兵，2005），进而提高企业的经营效率。而"晋升"之所以能够发挥激励作用，是因为晋升到更高的级别能够得到货币（薪酬、股权）、非货币（名誉、控制权、在职消费、更好的工作环境）等的满足（Baker et al.，1988；Herbertz et al.，2013；徐细雄，2012；王曾等，2014）。

"政治晋升"也是晋升的一种。一般而言，政治晋升指的是政府官员层级的提高，是政府激励官员的一种方式（周黎安，2022）。政府的行政职位呈现阶梯状，并且从低级别的职位到高级别的职位越来越稀缺，整体行政职位呈现金字塔状（Opper et al., 2007；徐业坤 等，2013）。改革开放后，在财政分权的制度下，各级政府以相应经济建设为中心的总体要求推动地方经济发展，在地方政府治理时，以经济增长作为官员行政业绩的考核内容，致使官员之间开展了以地区经济发展为核心的相互竞争的政治晋升锦标赛，以此博取政治地位的提高（Kato et al., 2011；陈艳艳 等，2012；曹春方 等，2014；Wang et al., 2020）。

以往研究政治晋升大多从官员晋升的角度去展开，近年来，越来越多的学者开始关注我国特殊制度背景下国企高管的行政级别晋升现象。本书将国企高管这种调离企业，被提拔到相关党政机关政府部门或上级控股公司，以此承担了更多的行政职责，获得了更高的行政权力和社会地位的晋升定义为晋升激励。

在国有企业高管政治晋升的内涵上，已有研究存在差异。宋增基等（2011）认为国有企业高管获得人大代表或政协委员等头衔即政治身份的提高，徐细雄（2012）认为国有企业内部层级的提高是政治晋升的一种。但是本书认为，这种政治身份的提高对于高管行为的影响不同于本书定义的政治晋升，本书所指的政治晋升是一种外部晋升机制，即高管获得晋升后会离开企业，而如前文所说的政治身份提高后，高管仍在原有的工作岗位，其行为仍然受原企业的约束。

本书认为政治晋升是国有企业高管的外部晋升机制，是企业与政府之间的"旋转门"式的调整，是我国现行经济体制下国企激励机制的重要方式之一，具体包含以下两种情况：①国有企业高管从原有级别调职到更高级别的行政岗位或调任至相同级别的行政岗位；②高管从子公司进入控股集团任职。在后文的论述中，"晋升激励"即代指国企高管的政治晋升激励。

三、创新投资

"创新"一词源于拉丁语，有三层含义：更新、改变、创造。在经济学领域，约瑟夫·熊彼特（Joseph Alois Schumpeter）在 1912 年出版的《经济发展理论》（*Theory of Economic Development*）一书中首次提出了创新理论，明确了创新的内涵。约瑟夫·熊彼特认为，创新是企业家投入的生产要素的新结合。

创新的形式很多，包括 R&D 活动、生产一种新产品、建立新市场、改革组织模式、获取新渠道、获得新的生产方法、重塑企业文化等。随着科技的进步、知识的膨胀，创新模式不断演进。从这个意义上来说，创新存在于组织的各个方面、存在于组织运行的时时刻刻。然而对于企业而言，最能体现其创新能力、塑造核心竞争力，也最能够被直接观察到的创新活动是其 R&D 活动。本书的研究重点是其 R&D 活动涉及的投资行为，创新投资即 R&D 投资。

联合国教科文组织（UNESCO）对 R&D 活动的定义是：R&D 活动的核心在于增加知识总量，运用知识进行系统性、创造性工作，包括基础研究、应用研究、试验发展，即"研究与开发"。经济合作与发展组织（OECD）认为：R&D 活动是在一个系统的基础上的创造性工作，其目的在于丰富有关人类、文化和社会的知识库，并利用这一知识进行新的发明。

由于本书以国有企业为研究对象，数据来源是企业财务报告中的数据，因此本书对于创新投资的定义采取会计准则中的定义。《国际会计准则第 38 号——无形资产》中将无形资产自行开发的过程分为两个阶段：研究、开发。研究是指，为获得新的知识并理解这些知识而进行的具有创造性、计划性的调查，该行为并不能确定未来收益状况。开发是指，将研究的成果或知识应用于某项设计，以生产经过实质性改进的或新的产品、装置、材料、工序等的计划或设计，其能够在一定可能性上确定未来经济收益。《美国会计准则（141–142 号）》也对研究与开发做了类似的定义①。

2006 年之前的旧会计准则对于企业 R&D 支出会计处理、披露方式的要求并不规范，2006 年 2 月 15 日颁布的新会计准则中对 R&D 支出的会计处理和披露做了优化。参考国际会计准则，2006 年的《企业会计准则第 6 号——无形资产》中规定，企业的研发分为两个阶段：研究与开发。研究仅指应用研究的范畴，开发是在研究的基础上，将研究成果应用到生产的行为。

---

① 研究是指发现新知识的有计划的探索或精益求精的调查，并希望新知识有助于开发新产品或新服务、新流程或技术，有助于显著改善现有产品或流程；开发是指创造新产品或新流程，或为显著改善现有产品或流程，将研究的发现或其他知识转变为方案或设计，而不论它是外销还是自用。

在会计处理方面，研发支出有三种处理方法：费用化、资本化、有条件的资本化。我国在研发支出的会计处理方面采取的方法是有条件的资本化。研究活动的费用由于与企业生产成果没有直接的联系，因此将研究阶段的支出予以费用化，计入当期损益；开发活动与最终的研发成果有直接的联系，故满足一定条件①时，可以将该阶段的支出予以资本化，计入无形资本。

在研发支出的披露方面，2006 年之前并没有做明确的规定，因此从 2007 年 1 月 1 日开始才有比较完整的研发支出的数据。新会计准则规定：①企业需要在报表附注中单独披露研发费用；②在会计处理时，需要根据有条件的资本化原则，将研发费用区分为费用化部分和资本化部分，费用化部分计入当期损益，在"管理费用"科目下列示，资本化部分需要按照无形资产摊销办法进行合理摊销，在"无形资产"科目下列示。

目前，我国很多企业并没有设立专门的研究机构，也没有专职的研发人员，这一方面制约了我国企业创新能力的提高，另一方面也导致我国企业在进行研发费用的会计处理和披露时存在很多不规范的地方。

第二节　相关理论基础

一、委托代理理论

国有企业高管的个人目标与企业目标的不一致造成国有企业委托代理问题的特殊性和突出性，因此委托代理理论是本书研究的基础理论。

委托代理理论（principal-agent theory）最早可以追溯到英国经济学家亚当·斯密（1776），他指出股份公司与私人、合伙公司的不同在于董事的行为动机不同，股份制公司的弊端在于董事的利己行为会造成疏忽和浪

---

① 研发支出资本化的条件：第一，完成该无形资产以使其能够使用或出售，并在技术上具有可行性；第二，具有完成该无形资产并使用或出售的意图；第三，无形资产产生经济利益的方式，包括能够证明运用该无形资产生产的产品存在市场或无形资产自身存在市场，无形资产将在内部使用的，应当证明其有用性；第四，有足够的技术、财务资源和其他资源支持，以完成该无形资产的开发，并有能力使用或出售该无形资产；第五，归属于该无形资产开发阶段的支出能够可靠地计量。

费。现代学者 Berle 等（1932）、Jensen 等（1976）、Fama 等（1983）逐步明确并提出了委托代理理论。此后，众多学者和专家对委托代理理论进行扩充和发展，形成了一种较为成熟的理论分析框架。

在现代学者中，Berle 等（1932）的《现代公司与私有财产》认为在社会大分工的背景下，企业的所有者保留剩余索取权，让渡经营权交由职业经理人，形成了一种委托代理的关系，实现了所有权和经营权的分离。此后"委托代理理论"成为现代公司治理的逻辑起点。

1976 年，Jensen 等为委托代理理论构建了实证检验的框架，这标志着委托代理理论的正式产生。Jensen 等（1976）认为企业是由一系列契约构成的，委托人和代理人以签订契约的形式完成所有权和经营权的分离。委托人和代理人之间的关系是一种经济利益关系，双方行为的出发点都是自身利益，当委托人和代理人的利益发生冲突时会产生代理成本。Jensen 等认为除了签约成本之外，代理成本还包括三个部分，分别是委托人的监督成本、代理人的约束成本和剩余损失。委托人需要对代理人进行激励和监督，即产生监督成本；代理人需要支付一定的成本，保证不损害委托人利益，即产生约束成本；剩余损失即委托人因代理人行为产生的价值损失，是契约最优但并没有完全被遵守时的机会成本。

Fama 等在《所有权与控制权的分离》（1983）一书中指出公司的决策权可以分为决策管理和决策控制两方面。在企业的所有权与控制权分离的情况下，将企业的决策管理与决策控制分开能降低决策代理人侵蚀股东利益的可能性。股东享有确定董事会成员、发行新股等权利，董事会具有决策控制权，管理层具有决策提出、决策执行等决策管理权。另外，企业通过薪酬制度等激励手段可以一定程度地解决代理问题。

传统的委托代理理论主要针对美国、英国等西方发达国家，发达国家公司的股权比较分散，所有权和经营权高度分离，这导致其代理问题突出表现为股东与管理者之间的利益冲突。

委托代理理论认为，由于所有权和控制权的分离，委托人和受托人之间存在信息不对称问题。当委托人和受托人的利益目标不一致时，受托人利用委托人的授权从自身利益最大化的角度出发采取行动，这会导致委托人利益受损。现代企业制度下，委托代理问题无法避免，缓解委托代理问题、降低委托代理成本是构建激励约束机制的起点。

二、激励理论

在行为管理学中，激励是指组织通过设计适当的内部或外部、物质或精神的奖励，以激发、引导、规范组织成员的行为，最终有效地实现组织及个人的目标。激励理论研究的核心是，分析个人心理因素以及外部社会因素以调动积极因素，使个人目标和组织目标相匹配，规范个人的行为。

需要理论、过程理论是激励的管理学理论的重要内容。需要理论主要包括需要层次理论、双因素理论和成就理论。其中需要层次理论的代表是美国社会心理学家马斯洛，他认为人的需求从低到高可以分为五个层次：生理的需要、安全的需要、社交的需要、尊重的需要以及自我实现的需要。马斯洛还认为，当低层次的需要得到满足时，人类会追求更高层次的需要。双因素理论的代表人物美国心理学家赫茨伯格认为影响个体行为的因素可以分为保健因素和激励因素。成就需要理论是由美国管理学家麦克利兰提出的，是对需求层次理论和双因素理论的补充，麦克利兰认为，高成就需要对企业的绩效有正向的促进作用。

激励的过程理论包括公平理论、期望理论和强化理论，与需要理论相比，该类理论主要探讨达到激励目标的方式。公平理论是亚当·斯密在1965年提出的，该理论认为个体除了关心绝对报酬外，还关心相对报酬。期望理论是由美国心理学家弗鲁姆在1964年提出的，该理论认为激励是达到目标对个人的价值和他认为工作目标能够实现概率的乘积。强化理论是由美国心理学家斯金纳提出的，他认为人的行为是其所获刺激的函数，有利的刺激（正强化）会使这种行为重复出现，不利的刺激（负强化）会减少这种行为的出现频率直至行为消失。

总体来看，激励的管理学理论从不同的角度研究如何引导被激励者的行为。激励形式既包括物质上的激励，也包括精神上的激励。物质需求层次低，是个体首要之需，在物质需求满足的基础上精神利益对个体行为的积极性有正向促进作用。在公司的委托代理关系中，组织需要通过对代理人的心理、特征、行为等进行分析，设计有效的激励机制，进而解决委托代理问题，实现委托者和代理者目标的统一。

三、锦标赛理论

（一）一般锦标赛理论

一般锦标赛理论最早是基于委托代理理论的前提讨论公司内部管理中的激励问题的。Lazear 等（1981）的 *Rank-order Tournaments as Optimum Labor Contracts* 最早提出了一般锦标赛理论。他们构造了代理人风险中性的基本锦标赛模型，模型中，委托人不能直接观察代理人的努力情况，最终以代理人业绩的排序确定报酬或职位的晋升，相对业绩排名高的代理人获取委托人的奖励，相对业绩排名低的代理人获得较少的奖励或是被解雇。锦标赛这种激励方式可以剔除许多不确定因素，以寻求到一个统一的衡量标尺对代理人进行考核。晋升锦标赛理论对代理人、员工采用的是相对绩效指标。绝对指标需要委托人付出较高的监督管理成本。采用绝对指标还是相对指标在于风险和效率的平衡。

后续不少学者对一般锦标赛理论进行了检验和推广。Green 等（1983）肯定了一般锦标赛理论的科学性，认为利用锦标赛制度可以在最终考核时减少代理人面临的共同不确定因素的影响；当委托人面对数量较多的代理人时，运用锦标赛制度可以降低委托人的监督成本，且激励效果也优于单独依照每个委托代理合约的激励效果。Krakel（2005）的研究发现基于相对业绩指标考核的锦标赛制度可以消除代理人的风险，加强对代理人的激励。Nalebuff（1983）指出基于相对业绩指标考核的锦标赛制度的应用需要满足三个条件：首先，代理人的投入不能被委托人直接观察；其次，代理人的投入与最终绩效无准确的关系，无法直接依据最终绩效推算代理人的投入；最后，投入和产出的关系在多个代理人之间是相似的，通过相对业绩评价可以判断代理人之间的投入差异。

锦标赛制度可以降低委托人的代理成本，提高监督管理效率，但是也存在一定的不足。当多个代理人之间存在锦标赛的考核制度时，可能会出现代理人之间相互拆台，而提高自身排序的现象。

（二）政治晋升锦标赛理论

周黎安（2004，2007）、Li 等（2005）等人首先将应用于组织管理的锦标赛理论拓展到研究中国经济高速发展的实践中，发展出"政治晋升锦标赛理论"。在"政治晋升锦标赛"之前，研究中国经济增长体制原因的学者（Montinola，1995；Weingast，2005）认为，"中国特色的财政联邦主义"是政府激励官员的主要方式，激励发生作用的基础是改革开放的财政分权制度、财政包干制度，财政分权制度赋予地方政府更大的自主管理权和决策权，财政包干制度赋予地方政府剩余收益索取权，这两方面的政策刺激政府维护市场拉动经济发展。

周黎安（2008）指出我国将政府机构作为主体，而没有关注政府机构背后的政府官员，一个地方政府的行为是由身处其中的官员所受到的个体激励和行为的总和。学者们认为相较于关心财政收入，身处其中的官员更加关心自己仕途上的升迁（Li et al. 2005；Guo，2009；Xu，2011；周黎安，2007，2008），这就逐步形成了政治晋升锦标赛理论。

"政治晋升锦标赛"理论认为在我国政治制度下，上级官员主要基于下级官员管辖区的经济增长状况，按照增长状况排序进行官员提拔。该理论还认为"政治晋升锦标赛"是中国经济快速增长的原因。周黎安（2008）也总结了政治晋升锦标赛能良好运行的六个前提条件：一是中央政府需要拥有相对集中的人事权；二是需要制定明确的、可衡量的、客观的指标；三是在政治晋升锦标赛的过程中保持公平、公正、公开；四是参与政治锦标赛的不同个体的业绩可以相互比较，同时不同个体的业绩是相互分离的；五是参与锦标赛的个体能对标准所涉及的指标产生一定的影响；六是参与锦标赛的个体之间是相互竞争的关系，不可能产生合谋。

近年来学者基于中国特有的经济体制研究国企高管的政治晋升问题，将研究官员晋升的政治晋升激励应用到国有企业高管激励的问题中。许年行等（2011）最先探讨国有企业高管政治升迁的问题。杨瑞龙等（2013）第一次明确指出在国有企业（央企）中存在一种"准官员"的晋升机制激励国有企业高管的行为。后续多个学者探讨国有企业高管政治晋升激励对企业决策、经营结果的影响。学者们认为，由于国有企业是一个行政化的组织，因此高管在组织中的地位类似于政府官员在政府中的地位，高管地位的升迁遵循"政治晋升锦标赛"理论，即国有企业高管为了获得晋升，相互之间会进行锦标赛竞争。关于国企高管政治晋升的激励效果目前并没有统一结论。有学者认为，高管为了达到政治晋升的目标，会选择短期行为，快速提升高管个人形象，而有损企业长久发展。

（三）锦标赛理论适应性探讨

一般锦标赛理论的适用有三个前提条件：①无法直接观察投入；②从最终产出也无法观察投入；③多个参与主体之间可比。政治晋升锦标赛理论良好运行的条件有：明确指标、权力集中、成绩可分离、领导人有重要影响等。本小节将探讨政治晋升锦标赛理论在国有企业高管晋升激励问题中的适用性。

第一，政治晋升锦标赛要求人事权力集中，上级部门有指定选任、考核的权力。对于国有企业而言，根据上文总结的国有企业委托代理层级，国务院国资委、地方政府和地方国资委既是资产的职务委托人，也是上级的行政管理部门。国务院国资委对中央企业的高管，地方政府和地方国资委对地方国有企业的高管有相对集中的人事权力。第二，政治晋升锦标赛要求有明确的、可衡量的、客观的指标。然而，对于国有企业而言，其不仅是以盈利为目的的经济法人组织，还是国家宏观经济调控的工具，其目标除了经济目标之外，还有不同程度的政策性目标。对于国有企业高管的考核，连续出台的《中央企业负责人经营业绩考核暂行办法》（2003）、《中央企业综合绩效评价管理暂行办法》（2006）、《中央企业负责人经营业绩考核暂行办法》（2006）、《中央企业负责人年度经营业绩考核补充规定》（2008）、《中央企业全员业绩考核情况核查计分办法》（2010）、《中央企业负责人经营业绩考核暂行办法》（2012 修订）等文件规定了以利润总额、净资产收益率、经济增加值为核心的考核体制，然而在《国务院国有资产监督管理委员会党风廉政建设责任制实施办法》（2003）、《国务院国有资产监督管理委员会机关工作人员廉洁自律若干准则（试行）》（2003）、《中央企业领导班子和领导人员综合考核评价办法》（2009）等文件也明确指出，需要针对国有企业高管的"政治素质、业务能力、工作实绩、勤勉尽职和廉洁自律等情况"进行综合考核评价。总体来看，对于国有企业高管的考核有经济指标，也有非经济指标，经济指标客观明确，但是非经济指标并不满足这一标准。第三，政治晋升锦标赛要求参赛主体绩效可分离可比较，国有企业独立经营，自负盈亏。第四，参赛主体的努力和需要考核的指标之间有明确的关系。在国有企业中，客观与非客观的指标同时存在，国有企业高管的努力和客观经济指标以及非客观政策性指标之间的关系存在信息噪音，难以严格界定。

政治晋升锦标赛良好运行的条件在国有企业高管政治晋升机制中并不能完全满足，这可能是影响国有企业高管的政治晋升激励效率的重要原因，也为政治晋升机制的改进提供了可能的方向。

第三节 晋升激励与经济行为文献综述

行政级别晋升原本是官员激励的问题。在我国，由于国有企业身份的特殊性，国有企业高管的身份兼具政治属性和经济属性，也具有一定的行政级别，存在政治晋升的现象。故本节将从政府官员晋升激励的相关研究着手，总结现有关于企业高管激励的文献。

一、官员晋升激励的研究

我国的制度背景决定了国企高管的晋升模式与地方政府官员的晋升模式有着很大的相似性。对地方政府官员的政治晋升激励的研究，能够作为国企高管政治晋升激励研究的重要参考依据。

（一）官员晋升激励与宏观经济

继 North（1990）提出经济、政治制度对经济的重要作用后，近年来很多学者研究政治体制、司法制度等宏观制度因素对经济的影响。而关于改革开放后中国经济增长奇迹的制度因素，最具影响力的理解是：中国特色的联邦主义假说（federalism Chinese style），也就是市场维护型联邦主义（market-preserving federalism）。中国特色的联邦主义假说（Montinola et al., 1995; Jin et al., 2005）认为对中国经济刺激较大的两个政治因素是行政分权和财政包干制度。20 世纪 80 年代初期，中央政府将经济管理、经济发展的权力分配到地方政府，地方政府获得了较为自主的经济决策权力，且在权力下放的同时签订财政包干合同，通过收入共享的方式，激发地方政府发展经济的积极性。

周黎安（2007）首次提出中国政府官员的行政治理模式——政治晋升锦标赛机制，他认为，升迁的机遇对于官员而言有较强的激励作用，围绕 GDP 增长率进行的"政治晋升锦标赛"，是理解我国政府激励与增长之间的关键。后续有许多学者的研究验证了周黎安（2007）的政治晋升锦标赛理论，如乔坤元（2013）利用 1978—2010 年我国省级、市级数据研究发现政治晋升锦标赛不但存在，而且由省级到市级自上而下竞争"层层加码"。姚洋等（2013）研究得出地区经济增长率与地区官员晋升正相关，官员的晋升依赖于任期内的地区经济发展。蒋伏心等（2010）研究发现，政治晋升锦标赛机制可以很好地解释政治经济周期和经济波动的问题，官员在晋升预期下，通过在任期内刺激地区经济的繁荣而提高自身晋升的概率。陈钊等（2011）探讨政治晋升锦标赛下的"为增长而竞争"的治理模式，发现由于早期公共品偏好不强、公众表达机制不顺畅，政治晋升锦标赛下的"为增长而竞争"反而能够实现社会福利的最大化。陈硕和朱志韬（2022）基于县级数据验证了县委书记的绩效排名能够提高其晋升概率。

也有学者认为政治晋升对地区经济发展的影响有限。杨其静等（2013）验证 2003—2012 年的市一级书记的数据之后，并没有发现支持政治晋升锦标赛理论的有力证据。而乔宝云等（2014）的研究发现相对于财政分权而言，政治晋升锦标赛会导致严重的地方保护主义，遏制地区间的合作，致使官员的努力程度不够，也无法促进社会福利的最大化。何智美等（2007）认为政府官员在进行政治晋升博弈时，会不可避免地提高地方政府之间的竞争、减少合作，形成地方保护主义，带来严重的道德风险和逆向选择问题。龙硕等（2014）的研究认为，政府官员出于晋升的考虑，会放松对环境规制的管制，帮助辖区内的企业扩大生产，这导致地方环境污染的进一步加剧。Sheng（2009）的研究发现，从外省调入以及中央派遣的官员升迁的概率更高，然而经济绩效与省级官员的选拔并无直接联系。Luo 等（2021）通过对 2000—2018 年市级数据的研究认为，市级主管官员的晋升，尤其是市委书记的晋升和本市地区生产总值的增长显著相关，但是党的十八大之后这种显著关联性发生了明显变化。

还有学者探讨政治晋升对我国政府治理政策的影响，如土地政策、产业政策、财政政策、税收政策等。Jones 等（2005）的研究认为，政府官员更替时，政策的稳定性和连续性会受到影响，进而影响经济的稳定。Baker 等（2013）通过构建经济政策不确定性指数（economic policy uncertainty index），研究认为政府官员更替时对经济政策造成的影响很大，而且这种影响愈演愈烈。杨其静等（2015）通过对 2007—2011 年"中国土地市场网"上公布的城市土地出让中工业土地的数据予以研究后发现，地区间的竞争导致恶性的地区土地引资竞争，市委书记会因为自身晋升竞争而影响其辖区内土地引资的竞争。陶然等（2007）研究发现基于 GDP 的政绩考核模式会造成地方政府倾向于一些短期能够产生较高 GDP 和地方财政收入的领域，如房地产行业等。王贤彬等（2014）的研究认为政府官员在政治集权和经济分权的体制下，以自身政治晋升和经济利益为出发点，会利用自身行政特权，干预土地处置，利用土地处置收益促进公共基础设施建设，并促进地区经济增长；其研究还认为当地方官员晋升的动机越强的时候，越倾向于以处置更多的土地来获得更多的资金，进而投资公共基础设施，获得更高的地区经济提升。傅勇（2008）的研究发现以政绩为核心的政治激励方式导致财政支出的扭曲，使得地区对于基础设施的投入降低，增加对发展型公共品的投入，也进而提高了公共福利；但是这种做法也会导致重复建设、产能过剩、环境污染的负面问题。仲伟周等（2010）的研究认为"中国特色的联邦主义"和"政治晋升锦标赛"下，地方政府会倾向于发展第二和第三产业，以及重工业，这将导致能源效率降低，以及一些社会长期指标被忽略。陈硕等（2018）利用 2000—2011 年的中国县级领导数据，论证了"政治晋升锦标赛"的存在。陈硕的研究发现相对于 GDP 增长率这类绝对经济绩效，相对经济绩效即同一地级市内部该县的 GDP 增长率排名才是更为重要的考核指标；且相对于 GDP 增长率排名，县域财政收入增长排名对晋升的贡献更大。他们的研究还发现了自由裁量权在政治晋升中存在的证据，进一步丰富了"政治晋升锦标赛"理论。

（二）官员晋升激励与微观企业

政府对于经济的影响是至关重要的（William Easterly，2005），那么政府官员对于企业的影响是可想而知的。对于一般企业而言，学者们发现由于政府干预的存在，政府官员出于政治晋升的考虑，一方面可能会对辖区内的企业进行地方保护；另一方面，地方政府官员出于自我政治晋升私利的考虑，可能会利用职权对辖区内的企业进行干预。Julio 等（2012）的研究认为在政治商业周期理论下官员为了连任，可能会存在干预迫使企业投资的行为，然而在他们的研究中，官员变更时会使得企业投资减少。龙硕等（2014）研究认为，企业为了能够扩大生产，有动机向地方政府寻租，而政府官员出于晋升的考虑，会放松对环境规制的管制，帮助辖区内的企业扩大生产，这样的政企合谋会进一步加剧地方环境污染。后青松

（2015）认为以 GDP 为考核标准的政治晋升锦标赛会扭曲辖区内企业的创新行为，减少辖区内企业的创新投资。曹春方等（2014）研究认为官员出于财政压力和晋升压力的要求，可能会干预辖区内国有企业的经营行为，进而导致地方国有企业的过度投资。金智（2013）的研究认为，在以 GDP 增长率为考核基础的政治晋升锦标赛中，政府官员为了满足自身政绩的需求，可能会不正当地干预辖区内企业的会计政策的运用，促使相关企业使用不稳健的会计政策，降低了会计稳健性。Chen 等（2020）研究发现，当一个省份的 GDP 增长率低于国家目标或邻近省份的平均水平时，该省份的上市公司可能更容易出现"盈余管理"现象。周黎安（2021）研究发现，企业和政府官员之间以"政绩—业绩"为纽带，形成了地区增长的动力。

对于金融企业而言，钱先航等（2011）的研究发现，官员的晋升压力会使得辖区内城市商业银行的贷款减少；从期限结构来看，会减少短期贷款，而增加中长期贷款；从贷款投向来看，会减少零售批发业的贷款，而增加建筑行业、房地产行业的贷款；从贷款结果来看，官员晋升提到的中长期贷款、房地产企业的贷款等会导致不良贷款率提高。何贤杰等（2008）研究认为，政府的多重利益驱动会导致银行对国有企业和非国有企业有不同的信贷标准，非国有企业面临的信贷准入标准更高。Shi 等（2021）研究发现企业投资迁移受到地方官员调动的影响。

二、高管晋升激励的研究

目前，研究国有企业或国有控制银行高管的政治晋升问题逐步成为学术界探讨的热点话题，以下本书将从影响高管晋升的因素、高管晋升的经济后果两方面总结已有文献的研究内容。

（一）高管晋升激励影响因素的研究

2011 年中国人民大学的学者许年行等的工作论文《高管政治升迁和公司过度投资行为》首先提出国有企业高管政治晋升问题，认为高管政治升迁之前公司会存在过度投资行为。之后也有学者继续探讨国有企业高管政治身份。

2013 年杨瑞龙等的论文《"准官员"的晋升机制：来自中国央企的证据》首次明确指出和验证国有企业（央企）中存在政治晋升激励机制，该论文根据 2008—2011 年 189 位央企领导职位变动的数据，实证发现营业收入增长率较高、拥有中央委员（候补）、中央纪委委员身份、博士学位等会提高中央企业领导人晋升的概率，而国有资本保值增值率、职位经济报酬对高管晋升的概率并没有影响。

刘青松等（2015）对 2000—2012 年 A 股上市的非金融类国有企业高管变动的数据进行研究，他们将高管变动细分为晋升、平调和降职三种，实证结果证明了"败因业绩，而成非因业绩"的假设，即高管职位的升迁与绩效没有明显的关系，与社会责任的承担有明显的正向关系，而高管的降职与公司业绩负相关；另外，他们还发现，国有企业高管考核存在一个业绩门槛，如果业绩没有达到这个数值，相差越大降职的概率就越大，此时承担社会责任也无济于事，当超过这个数值时，业绩对于晋升的边际贡献就会降低，此时承担社会责任是影响其能否晋升的关键因素。

张霖琳等（2015）以国有企业高管政治晋升、监管独立性、市场化进程为重点，利用 2003—2012 年中央与各级地方国企董事长、总经理及党委书记职务变动数据，探讨不同监管机制下、不同市场化进程下，国有企业政治晋升激励的效果。研究发现，中央一级的高管的晋升受个人能力和企业绩效的影响较大；另外，对市场化进程相差较大的东部、中部、西部地区而言，政治晋升机制在东部地区得到了相对有效的执行。

刘青松等（2015）从国有企业高管"政治人""经济人"的双重身份入手，探讨薪酬激励（显性激励）和政治晋升激励（隐性激励）这两种激励方式的差异。研究发现，这两种激励方式的激励目标不一致。国有企业高管的晋升并不完全依赖于企业的业绩，而依赖于企业的非经济指标，如投资效率、社会责任承担、关联方占用；不同晋升方式依赖的途径不一致，政治晋升依赖公司承担的社会责任，且会导致非效率投资，而非政治晋升依赖关联方占用。另外，进一步研究发现，高管晋升之前，高管的薪酬与业绩之间存在正向关系，但是与非经济指标并无明确联系，即晋升激励对非经济目标有刺激作用，薪酬激励只对业绩目标有刺激作用。

综合上述研究表明，国有企业高管晋升的影响因素与官员晋升路径类似，存在主要影响因素，即职业路线、行政路线。职业路线即政治晋升，依靠较高的个人能力，企业较高的经营业绩会提升高管晋升的可能性；行政路线依靠向上级主管部门表示较高的政治忠诚度，如承担政府要求的社会责任、政府的政策性负担，依靠政治路线国有企业的高管获得晋升的可能性会提高。

（二）高管晋升激励经济后果的研究

近年来，学者基于中国特有的经济体制研究国企高管的政治晋升问题，关于国企高管政治晋升的激励效果目前并没有统一结论。有学者认为国企高管具有"政治人"和"经济人"两种身份，政治晋升作为一种隐性激励手段，可以弥补薪酬激励的不足，抑制高管的在职消费（王曾 等，2014），促进企业并购（陈仕华 等，2015）、提高企业总体绩效（刘青松等，2015）。也有学者认为，高管为了达到政治晋升的目标，会选择短期行为，快速提升高管个人形象，这会导致腐败行为的发生，而有损企业长久发展（许年行 等，2011；郑志刚 等，2012；陈仕华 等，2015）。

王曾等（2014）研究国有企业首席执行官（CEO）"政治晋升"与"在职消费"之间的关系，探讨"政治晋升""在职消费"这两种隐性激励的不同作用。他们研究发现两种隐性激励之间存在着非线性的替代关系，也就是说国有企业高管会为了可能的政治晋升收敛其在职消费的行为；进一步研究发现，政治晋升既可以直接抑制在职消费行为，也可以通过激励高管提高公司绩效，进而提高在职消费，但是总体而言，政治晋升对在职消费的抑制作用更明显。

郑志刚等（2012）通过对 N 省 A 公司的案例研究发现了政治晋升的负面效应，他们认为国有企业高管为了获得政治晋升倾向于在任期内进行形象工程的建设，包括公益性捐赠、媒体宣传报道、经理人风险行为等。

许年行等（2011）的工作论文提出国有企业高管政治晋升问题，认为高管政治升迁之前公司会存在过度投资行为。

陈仕华等（2015）基于企业成长压力理论，通过 2004—2013 年国有上市公司的并购数据探讨国有企业高管政治晋升对其并购行为的影响。陈仕华等的研究发现，当国有企业高管晋升机会较大时，国有企业有较高概率通过并购加速企业的成长，但是在并购的过程中支付的溢价水平升高，且长期并购绩效较差。另外，当高管面临的内生成长压力更大时，高管晋升对并购方式选择、并购价格支付、并购绩效的影响就会更大。

卢馨等（2016）的研究认为国有企业高管的政治晋升激励会导致高管迎合地方政府的行为，即为了满足地方政绩的需求而使企业出现过度投资，以及盈余管理的行为，而且这一行为在董事长这一职位上更为明显。另外，卢馨等的进一步研究发现薪酬激励会削弱这种行为。

王雅茹（2015）根据 2008—2012 年沪、深 A 股国有控股上市公司的数据研究国有企业政治晋升与媒体正面关注之间的关系，得出"越高政治晋升机会的国有企业高管，其所在企业的媒体正面关注程度越高"的结论；并且广告性支持、公益性捐赠是这两者之间关系的中介变量。

曹伟等（2016）利用上市公司的数据研究政治晋升预期与腐败之间的关系。曹伟等的研究发现政治晋升预期越高的高管，由于受到外界的关注，会尽可能避免腐败行为，但是为了更好地获得晋升，这些高管越倾向于采取隐性腐败的寻租手段。而晋升机会小的高管会注重"权力过期作废"的问题，倾向于在权力结束前获得更高的私人利益。

郝项超（2015）探讨高管薪酬、政治晋升激励与银行风险的问题，发现在国有控股银行中，薪酬的提高会激励董事长和行长降低银行的破产风险，但是董事长在面对政治晋升激励时，会使银行风险提高。

李莉等（2018）的研究表明，国企高管政治晋升对企业过度投资有正向影响，且受到高管背景特征的影响。地方国有企业高管年龄越小、任期越短对政治晋升越敏感，企业过度投资程度也越高，而高管性别和学历对企业过度投资的影响并不显著。

李莉等（2018）的研究表明，政治晋升对企业创新有抑制作用，该作用在企业内部受到高管权力的影响，在外部受到监管独立性和市场化进程的影响。

罗钦文（2022）研究发现，相对于薪酬下降期而言，企业管理者处于薪酬上升期时，其自身政治晋升预期对业绩—薪酬敏感性的削弱作用较大，即政治晋升预期加剧了国企高管业绩—薪酬敏感性的不对称性。

贺云龙等（2022）研究高管晋升与企业绩效之间的关系后发现，国有企业高管政治晋升激励效应比非国有企业更显著。伊力奇等（2022）对 2010—2019 年 A 股国有上市公司的相关数据进行研究后发现，高管政治激励水平能够提高企业社会责任绩效；在研究政治激励与薪酬及股权激励对企业社会责任的相关作用后，伊力奇等认为政治激励与薪酬激励能够发挥协同互补作用。

第四节　治理环境文献综述

一、治理环境的理论分析

Coase 在 1937 年发表的《企业的性质》将契约、交易成本引入经济学的分析中，标志着新制度经济学的诞生。新制度经济学主要包括产权与交易费用理论和制度变迁理论。产权与交易费用理论认为经济的决定因素是产权与交易费用，产权制度是许多制度安排的基础，交易费用是衡量经济制度效率的指标。制度变迁是指一段时间内制度的建立、变革或破坏，戴维斯和诺斯的《制度变迁与美国经济增长》（1971）和诺斯的《经济史中的结构与变迁》（1991）定义了制度变迁理论，并从产权和意识形态等方面论述了制度变迁理论。

新制度经济学认为古典经济学的理性假设过于简单，因为人或者组织的行为并不是完全基于理性而来的，完全的理性是与现实情况相悖的；并且即使是按照理性规则做事，也不能脱离外部环境。

新制度经济学方法论在使用时，不主张以"原子式"的分析方法来分析个体和组织的动机，而是以场域作为分析单位，将个体或组织的行为放置于具体的环境中进行思考。其内在逻辑可以总结为：个体生来带有制度的烙印，受到制度环境的约束；各种组织是制度环境约束下的不同个体依照契约关系或者是合约关系形成的；个人和组织在行动时会倾向于模仿环境中的普遍行动标准，寻找标准坐标系。此外政府和个体、群体的意识形态对制度的建立、变革和破坏有重要影响。

二、治理环境与企业行为的研究

治理环境或制度环境（institutional environment）是一个比较宽泛的概念，组织学派的学者认为，制度环境对于存在于某个特定区域内所有的利益主体具有类似规范、社会期望等支配性的影响力（Kraatz et al., 1996）。经济学领域的学者对制度环境的解释更加具有包容性，他们认为，制度环境是一系列的政治、文化、经济秩序等规则安排，包括正式的政治、法律规范，以及非正式的如社会习俗、文化传统等，可以用来确定生产、交换与分配的规则，保障社会活动的有序进行（North，1990）。制度理论探讨的核心问题就是强调制度环境对特定区域内的组织行为、组织决策、个体行为的影响（Scott，1995）。

治理环境对于经济主体的行为动机、经营决策，以及经济主体的经营成果、社会经济发展都有重要的影响。20世纪80年代以来，关于治理环境（制度环境）对经济行为影响的研究逐步成为热点。美国著名经济学家North于1990年在《制度、制度变迁与经济绩效》一文中首先探讨了"制度环境"与"经济行为""经济结果"之间的关系。North（1990）认为制度环境是一系列的政治、文化、经济秩序等规则的安排，用来确定生产、交换与分配的规则，能保障社会活动的有序进行。North（1990）还认为制度环境确定了人们政治行为、经济行为等一系列行为的激励机制，不同的制度环境下市场规则不一致，交易成本不一致，而导致企业行为、企业行为的结果不一致。至20世纪90年代中后期，La Porta（2006）等人的系列研究将法律机制、产权保护机制作为制度因素的代理变量，探讨"法与金融"对资本市场、企业价值的影响。

此后，学者们从多个角度探讨了治理环境对微观企业的影响。Sapienza（2004）研究认为，政府的干预会扭曲银行的信贷政策、导致资金配置效率低下。Hughes（2009）以12个国家为研究对象，对比研究了投资者保护水平的对企业价值的影响，研究发现在法律保护相对薄弱的国家里，企业的控制人为了保护企业价值，倾向于较低的两权分离程度。夏立军等（2005）研究认为政府控制会对企业价值产生负面影响，而市场化进程推进有助于缓解政府控制对企业价值的负面影响，提升该企业价值。李延喜等（2015）研究认为政府干预程度、金融发展水平、法治水平建设等治理环境因素对上市公司的投资效率有很大影响，该影响在不同所有制企业中的表现不一致，且在管制行业与非管制行业中的表现也不一致（李延喜等，2015）。杨兴全等（2010）也得出了类似的结论。贺炎林等（2014）研究发现较好的外部治理环境能够对管理层形成有效监督，是大股东监督的替代机制，能提升企业业绩。李延喜等（2012）研究认为外部治理环境对企业盈余管理程度有重要影响，而企业内部公司治理制度在外部治理环境与企业盈余管理程度关系之间起到调节作用。赵阳丹露等（2023）采用2008—2019年我国各省（区、市）数据，研究发现市场化进程的推进能够显著提高区域创新能力。张大为等（2023）研究认为在企业外部治理环境中，区域产业政策提高了企业获取外部资源的能力，从而对企业的绿色投资有显著的正向促进作用。

高管作为组织决策的制定者和执行者，也是处于特定区域、特定治理环境下的个体，其行为模式、决策机制也受到外部治理环境的约束。外部法治水平、国有企业与政府的关系对于高管的激励、高管的决策有重要影响，从高管行政级别晋升激励角度分析国有企业创新问题更离不开企业所处的外部治理环境。

第五节　创新投资文献综述

关于企业创新投资影响因素的研究很多，本书首先整理治理环境与创新投资的文献；其次整理晋升激励与创新投资之间的关系；最后总结其他影响创新投资因素的文献。在此基础上，本书对治理环境、晋升激励与创新投资已有相关研究进行梳理与评述。

一、治理环境与创新投资的研究

总体来看，影响创新投资的治理环境因素包括：经济因素，如金融发展程度、地区出口强度、地方基础设施、市场化改革、经济周期、市场竞争等；政治因素，如政府干预（政府支持）、政府服务、寻租、腐败、政府管制、税收优惠政策、创新技术交易制度；法治水平，如知识产权保护程度、产权保护程度等；其他因素，如研究机构质量、技术环境动荡、地理位置等。

（一）经济因素

关于市场竞争与企业创新，Holly J. Rainde（1998）研究认为竞争性市场中企业创新活动的密度更大，创新的效率也更高。Eicher 等（1999）得出了类似的结论。高良谋（2009）认为小企业在竞争性市场中更容易突破已有技术范式，进而实现非定向性技术创新。廖开容等（2011）的研究发现市场的竞争程度会显著影响民营企业创新活动的展开，在竞争比较激烈的环境中，企业要想获得长久的生产发展，就必须通过自主创新、技术创新获得核心竞争力和持久竞争力。唐清泉等（2015）通过研究银行业竞争结构与企业创新投资的关系，发现竞争性的银行业结构对于缓解企业创新投资面临的融资约束有显著的帮助，而且这种缓解作用在小型企业、高科技企业、民营企业中更加明显。郑中等（2023）研究认为市场竞争对企业创新能力存在显著的负向影响，组织冗余对这种影响有调节作用，其中未吸收冗余能够削弱这种影响，而已吸收冗余却会加强这种影响。

关于金融发展水平与企业创新，Demirgu 等（1998）认为外部融资约束是阻碍企业创新投资的重要因素，因此地区金融发展水平会对企业创新投资有重要影响（蔡地 等，2012）。首先，地区金融发展水平越高，企业面临的融资环境越宽松，就越可以获得充分的资金供给，融资成本也会相应降低。其次，对于创新项目而言，由于外部性问题的存在，企业会倾向于少披露或不披露关键信息。在金融发展水平较高的地区，由于银行、投资公司等金融机构专业技术水平较高，因此它们能够较好地识别创新项目的风险，且其风险控制能力、风险承受能力都较强，因此金融发展水平较高地区金融机构与企业之间的信息不对称程度相对较低，企业创新活动面临的融资约束也较低。孙晓华等（2014）的研究表明外部筹资环境与企业研发投资显著正相关，即外部金融发展水平高，较多的金融机构贷款、政府补助，可以促进企业的创新投资。许坤等（2023）研究发现，公共性发展金融机构贷款规模对企业研发投入和产出都存在正向促进作用，尤其是在实质性创新方面。

（二）政府干预

凯恩斯经济学认为，当市场这只"看不见的手"失灵、无法发挥较好的作用时，政府这只"看得见的手"需要在经济发展和社会进步中发挥重要的积极作用。对于企业的创新活动也不例外，政治因素对企业创新活动的影响也是巨大的。新古典主义学派的学者认为政府是创新的重要因素（Paul，1986；Freeman，1987），特别是在中国经济转型背景下，政府控制了大量要素资源。我国学者李晓冬等（2015）认为在经济转型时期，政府和市场是推动中国企业创新的重要外部力量，而相对于市场导向而言，政府导向更利于企业进行突破创新。目前，各国都将创新放在国家发展的重要位置，都在努力构建和完善自身的创新体系。

从目前各国实践看，政府可以通过对企业进行研发项目补贴、税收减免、知识产权保护、信贷支持、人力资源培训等方式支持企业的研发活动。在我国，政府对企业研发的支持分为直接和间接两种。直接支持手段有政府采购支持与研发补贴支持，间接支持手段主要是税收优惠政策，如税收减免、递延纳税等。除此之外，我国政府设立了多个国家科技计划项目，参与到科技计划中的企业从事科研项目可以获得科研基金支持（秦雪征 等，2012）。

然而，从影响效果看，目前学术界对政治因素对企业创新的影响并没有得到统一的认识。有学者认为政府对企业研发活动的支持产生的"融资效应"和"成本效应"可以促进企业的研发活动。从直接手段来看，政府对企业的研发补贴、信贷支持可以缓解企业的融资约束，即所谓的"融资效应"（张同斌 等，2012）。从事创新的企业需要投入大量资金进行研发活动，然而其资金充足率本来就不高，尤其是对于高科技企业而言，高科技企业存在较高融资约束，政府直接的支持可以缓解企业在资金方面的约束，促使其更好地进行创新活动（Falk，2004；Czarnitzki，2006；Czarnitzki et al.，2006；Hussinger，2008；卞晨 等，2022）。另外，就间接支持的税收优惠而言，从事创新的企业可以享受研发成本税前加计扣除、所得税优惠等，降低了企业研发的成本，即"成本效应"，从而增加了企业对创新活动的投入（Bloom et al.，2002；江静，2011；张同斌 等，2012）。另外，有学者认为政府对研发的直接和间接的支持对企业创新活动本身是存在"抑制作用"的，这种观点主要是基于"挤出效应"和"资源配置扭曲"两个理由。挤出效应认为，政府作为公共部门，对企业的各类支持会使得企业降低自身对创新的原始投入，尤其是对于直接支持而言，因为边际成本为零，企业一般只会申请政府的研发补贴、创新基金项目，从而忽略自身的投入（Lach，2002；Wallsten，2000；Michael et al.，2009；余泳泽，2011）。至于"资源配置扭曲"，有学者认为直接补贴的评价体系导致接受补贴的项目或企业并不是随机的，而是有类似的研究或成功预期较高，这样的筛选机制并不能真正体现公共政策的实际效果（Klette 等，2000；Jaffe，2002）。后有学者基于"帮助之手"和"掠夺之手"探讨政府干预对企业创新的非线性影响（许楠 等，2022；韩峰 等，2022；宋建 等，2022）。

有学者认为"政治晋升锦标赛""财政分权"虽然创造了经济奇迹，

但是也是我国创新不足的原因。顾元媛等（2012）从官员激励视角，以官员晋升竞争与财政分权对政府研发补贴的影响为着手点，探讨我国企业创新投入不足的原因。研究认为，以 GDP 为考核标准的晋升竞争、地方政府财权与事权的不匹配对政府研发补贴有抑制作用，进而抑制企业层面的创新投资；而企业所处地区的治理环境可以缓解这一抑制作用，即强调减少政府干预和减少寻租空间可以有效解决企业层面创新投资不足的问题。

廖开容等（2011）认为政府管制会给民营企业带来较多的资源限制，而国有企业外部制度相对宽松，会获得较多资源，这样影响了民营企业的竞争能力和研发投入。刘萌等（2021）研究认为政府管制能够通过规则设立倒逼企业创新。杨朝均等（2021）构建演化博弈模型，得出政府的监管成本对绿色创新扩散有负面影响，而监管比例对绿色创新扩散有正向作用的结论。

（三）法治水平

技术创新是企业提升核心竞争力的关键，知识产权保护对于创新产业发展、创新主体行为的影响十分关键。目前已有研究证实了知识产权保护对企业创新活动有显著影响，但是就影响结果而言，并没有得出统一的认识。知识产权保护的加强可以通过提高对知识产权侵权的打击，减少知识产权价值外溢，增加企业创新收益进行（易先忠 等，2007；廖开容 等，2011）；知识产权保护不仅可以提高创新项目、参与创新的企业的融资能力，提高对企业的资金支持（陈国宏 等，2008），还可以提高 FDI 的流入、国外先进技术的输入（Wakasugi et al.，2009），鼓励国内创新活动。蔡地等（2012）的研究认为知识产权保护水平较低时会带来较为严重的外部性问题，如企业研发成果的价值得不到保障，进而影响企业创新投资的积极性。廖开容等（2011）认为对于民营企业而言，其创新活动需要有知识产权保护制度作为外部保障，这样才能确保企业的创新成果获得超额收益，规避外部性问题。章纪超等（2023）基于司法体制改革的准自然实验情境，研究认为良好的法治环境能够帮助企业通过诉讼获得更多的融资支持，从而促进创新，这种促进作用对于诉讼风险较高的企业更为明显。

然而，也有人认为，在发展中国家，知识产权保护的提高并不总是带来正向的促进作用。易先忠等（2007）多篇研究认为知识产权保护一方面可以鼓励自主创新；另一方面，严格的限制也会提高模仿成本。对于自主研发能力较强的国家，提高知识产权保护能够促进技术进步，但是对于需要依靠技术引进、模仿的国家而言，知识产权保护水平的提高不利于技术的扩散和普及、不利于国家整体技术水平的提高。刘小鲁（2011）的研究显示，自主研发投入比重和技术增长率均与知识产权保护水平呈现倒"U"形关系，即对于创新后发国家而言，建立一定的知识产权保护体系，对创新成果进行适度的保护有利于技术的进步和经济的增长，但是由于先天技术水平的不够和研发能力的不足，较高层次或较大强度的知识产权保护只会强化发达国家已有先进技术的保护，而提高弱势的创新后发国家的技术障碍。

（四）其他宏观因素

龙静等（2012）研究认为在中小企业创新的过程中，服务型中介机构的作用很关键，服务型中介机构作为网络节点，将中小企业连接到区域性的网络中，使得中小企业能够通过该网络获得更多的外部信息、知识资源、人才信息、产品信息等，能够帮助企业获得更好的创新绩效。

不同地区存在着治理环境的差异，万华林等（2010）研究认为地方政府在法律保护、政府服务、政府干预等方面的差异会引致各地区企业行为的差异。薛捷（2015）探讨了区域要素环境、文化环境和政策环境对于企业创新的影响。徐彪等（2011）研究基础设施环境、制度环境、文化环境、人力资源环境等对企业创新投入、创新绩效的影响。

（五）治理环境与国有企业创新投资

学者认为国有企业创新问题的探讨，离不开制度环境因素。制度环境因素主要包括政治制度、法律制度、经济制度和社会文化制度四个方面。而社会文化因素是指对国有企业创新行为产生激励约束作用的一系列非正式规则的总和（周权雄，2010），非正式规则对于个体和组织的影响是间接的，故本书主要论述政治、经济、法律制度对国有企业创新的影响。

1. 政治制度对国有企业创新的影响

市场是资源配置的基础和有效机制，但是市场存在失灵的状况，会导致资源无法有效配置，这为政府干预提供了理由。对于非国有企业而言，如前文所示，政府管制性干预会抑制民营企业的创新（廖开容 等，2011），政府直接或间接的支持一方面会通过缓解资源约束、降低进入壁垒促进企业创新（Bloom et al.，2002；江静，2011），另一方面也存在挤出企业自我创新投入的现象（Lach，2002；Wallsten，2000；Michael et al.，2009；余泳泽，2011）。对于国有企业而言，在政府的管制性干预下，国有企业其外部制度相对宽松，会获得较多资源（廖开容 等，2011），国有企业能够凭借自身所有制优势获得非国有企业难以获得的政策支持、资源投入等（余明桂 等，2010；熊爱华 等，2021），进而促进企业创新（苏敬勤 等，2016；Ralston et al.，2006；马红 等，2021；任广乾 等，2023）。国有企业的特点，也会给其带来劣势，这些因素都会导致国有企业资源利用效率低、创新动力不足等问题（杨洋 等，2015），且国有企业需要承担政府分配的政策性负担（周权雄，2010；张霖琳 等，2015）以及政府的社会责任（刘青松 等，2015）等，这些都影响了其创新资源的有效利用，抑制了其创新。

2. 经济制度对国有企业创新的影响

金融发展水平会对企业创新投资有重要影响，尤其是对于非国有企业而言。对于国有企业而言，情况就大不相同。韩媛媛（2013）的研究表明，融资约束对国有企业创新并无明显影响，因此外部融资并不构成国有企业的创新激励。戴静等（2013）研究认为在金融市场中的信贷资源、金融机构资金首先流向国有企业，这使得国有企业依赖投资驱动模式，而非创新驱动模式，因此延迟了国有企业的创新活动，拖累了国有企业的创新产出。李博等（2012）研究中国地区创新效率发现，当国有经济比重较高时，由于监督管理不善、缺乏创新动力，经济发展水平对创新效率的影响并不显著。

邱灿华等（2000）的研究发现，影响我国国有企业技术创新最为根本的因素是企业创新的自主性和主动性问题，而创新的自主性和主动性又归结于需要建立现代化的企业制度，以及完善领导人员和技术人员的激励制度。庄子银等（2021）、任广乾等（2023）也得出了类似的结论。陈岩等（2016）等研究发现，国有企业的流动债务对创新投入具有负向影响，对创新产出有正向影响；而长期负债对创新投入影响不显著，对创新产出有正向影响。于洋（2015）利用 2013 年国有性质的 8 家上市银行及其高管的相关数据，研究发现国有银行业高管的社会网络特征对银行的创新行为有正向促进作用。

3. 法律制度对国有企业创新的影响

知识产权保护、反腐败等法律因素对国有企业创新也有显著影响。有实证研究显示，相比于非国有企业，国有企业创新面临的预算约束相对较弱，故知识产权保护对其影响较小（石宇鹏 等，2013），也有学者认为加强知识产权保护对国有控股企业创新的激励效应更强（庄子银 等，2021）。党力等（2015）的研究显示，反腐败这一制度因素对企业创新有显著的正向影响，能够缓解政治关联对企业创新行为的替代作用；但是，相比于非国有企业创新的普遍促进作用而言，反腐败仅对那些高管有从政经历的国有企业的创新有促进作用。

二、晋升激励与创新投资的研究

通过前文的文献梳理，本书认为影响企业创新投资的因素可以包括三个大的层面：外部治理环境层面、内部企业层面、高管层面。基于高管特征角度的研究大致有四个方面：一是基于委托代理理论，探讨高管显性的薪酬或股权、隐性的晋升或权力等激励手段对创新投资的影响（李莉 等，2018）。二是基于资源基础理论，探讨高管所具有的资源对创新投资的影响。三是基于高阶理论，根据高管的性别、年龄、任职经历、教育背景等显性的人口统计学特征，研究创新投资问题。四是从行为金融学角度，分析高管能力或情绪等隐性特征，如从领袖风格（Kao et al.，2015）、过度自信（易靖韬 等，2015）、风险偏好（张继伟 等，2019）、认知模式（徐伟 等，2018）等角度分析创新投资。

从高管激励的角度探讨企业创新投资问题的研究较为丰富，其中薪酬激励和股权激励对创新投资影响的研究较为成熟。也有学者从隐性激励的角度，研究晋升激励对企业创新的促进作用（张兆国 等，2014）；权力激励对企业创新决策的制定也有重要影响（李莉 等，2018），权力越大，一般情况而言，代理问题越严重，越会抑制创新（夏芸，2014）；而管理者风格倾向于风险型时，研发密度会提高（周建 等，2013）。

张兆国等（2013）研究内部晋升与创新投资之间的关系，认为设置合理的内部晋升制度，可以促进创新投资。然而，目前较少有学者深入分析国企高管政治晋升与国企创新投资之间的关系。

统计数据显示，省部级官员的平均任期为 3.327 年（周晓慧，2014），政府官员为了获得晋升，会倾向于在较短任期内，你追我赶地创造较好的在任业绩；以 GDP 增长率和城镇化水平为中心的考核体系，更加重了政府官员的短视行为。政府官员短视行为的一种重要的体现，就是忽略有利于长期绩效的创新投资（解维敏，2012）。后青松（2015）从官员政治晋升锦标赛的角度分析官员政治晋升对企业层面创新投资的影响，认为以 GDP 为考核标准的政治晋升锦标赛会扭曲地区政府对辖区内企业的创新行为，减少辖区内企业的创新投资。

王昌林（2004）从理论上论述了我国国有企业高管任命方式行政化、公司治理行政化对国有企业创新动力、创新行为的抑制作用。青美平措（2014）利用 2007—2011 年的面板数据探讨政治晋升与研发费用的关系，发现政治晋升与研发费用呈负向关系，与开发支出呈正向关系；但是该论文在理论分析时相对简单，并没有深入分析高管行为决策的过程，同时也缺乏对外部环境影响的探讨。罗富碧等（2017）从企业研发投资的视角分析高管政治晋升对企业绩效的影响，实证结果表明，政治晋升对研发投资有显著的负向影响。李莉等的研究表明，政治晋升对企业创新有抑制作用，该作用在企业内部受到高管权力的影响（李莉 等，2018），在外部受到监管独立性和市场化进程的影响（李莉 等，2018）。

三、其他因素与创新投资的研究

（一）企业层面因素与创新投资

企业层面的因素也是影响其创新投资意愿或能力的重要方面。本书将影响创新投资的企业层面的因素分为三个方面：企业特征因素、治理结构因素、资源因素。特征因素如规模、行业、盈利能力、绩效、资本结构、债务、企业文化等；治理结构因素是指包括机构投资者、集团化经营、控制机制、董事会、监事会、股权结构、集中度、制衡度等在内的治理结构因素；资源因素是指企业所具备的资源（知识、资金、人力等）。

1. 企业特征因素

（1）企业规模。熊彼特（1942）认为创新活动的制度化、产品研发实验室对于企业专利成果转化、技术进步有十分重要的作用。而大企业是创新的引领者，只有大企业才负担得起研发项目费用，才可以通过大范围的研发创新来消化失败，才可以有较强的市场控制力收获创新成果。

Galbraith（1952）、Kaplan（1954）、孙冰灯（2024）也先后得到相似的结论。但是 Scherer 等（1990）认为，当企业规模不断扩大时，管理控制的能力降低，且容易出现过度的官僚控制，研发效率会降低。

（2）盈利能力。也有学者认为研发经费来源于企业创造的利润，之后自身利润水平较高的企业才能有资金投资与创新活动（李欣怡，2023）。Hall（1992）、Harhoff（1997）发现，创新的比率取决于内源融资的能力，高新技术企业中的研发投入与内源融资存在正相关关系。

（3）资本结构。Billings 等（1999）认为公司债务比例与创新投资负相关。Chiao（2002）进一步证实这种关系在高科技行业明显为负，在非高科技企业中却是正向的。肖海莲等（2014）针对中国企业创新投资的研究认为负债比例与企业创新投资呈显著负相关关系，但是唐清泉等（2010）并没有发现负债融资约束证据。

（4）企业文化。张根明等（2010）发现具备"创新价值观"的企业更有利于企业进行创新投资。任浩峰等（2023）研究发现最优资本结构偏离对企业创新产出的数量和质量有显著的负向影响。

2. 治理结构因素

王振山等（2010）研究发现董事会可以有效保护企业与经理层之间的代理契约关系，监事会的规模越大，越有利于企业研发投资。陈爽英等（2012）认为公司治理完备的民营企业将更有可能，也更有能力来增加其研发投资，提高核心竞争力。蔡地等（2015）认为企业股东有机构投资者时更倾向于激励公司从事研发投入活动，以期实现标的公司资本长期增值。黄俊和陈信元（2011）认为集团化经营能够产出内部研发投资知识溢出效应，有利于整体的研发投资。李军强等（2023）构建外部投资者、企业与地方政府三者之间的随机演化博弈模型，并结合实证数据，研究认为地方政府发放的研发补贴对企业和投资者选择研发和投资策略不具有决定性作用。

3. 企业资源因素

从资源角度探讨企业创新也是目前研究创新投资的重要方面，总体来看，涉及的资源主要有知识资源、资金资源、人力资源等。

在知识资源方面，Romer（1990）认为知识的非竞争性（non-rivalrous）和累积性（cumulative）是推动技术进步和经济增长的重要因素；

Cohen 等（1990）认为，对于知识的吸收能力能够帮助企业识别并吸收新信息，帮助企业将知识转化为科技，进而转化为新产品。

在资金资源方面，林炜（2013）认为企业的资本存量越大，将有越多的资金投入创新活动，提高技术能力；陈晓红等（2012）的研究发现，企业的财务冗余与研发投资存在显著的正向关系，可以提高企业研发投资支出。李德辉等（2023）研究认为，冗余资源会阻碍企业创新，但是数字化转型能够降低冗余水平。

在人力资源方面，Tuggle 等（2010）研究认为异质性的人力资本能够增高董事会在决策时针对决策问题进行建设性的辩论。辩论既能提高董事会成员对新思维新思路的理解，也能提高对创新问题的认识和控制。罗瑾琏等（2023）基于"目标设定—释放信号—解释信号—激活"探讨人力资源在创新中的重要作用。

（二）高管层面因素与创新投资

从高管角度探讨企业创新投资的文献，本书大致分为三个方面进行研究：高管激励、高管资源、高管特征。

1. 高管激励因素

在现代企业制度中，所有权和经营权分离，因此探讨高管决策对企业行为、经济后果影响的问题不得不涉及委托代理问题。同样，以委托代理理论为基础，探讨高管激励、高管权力等因素对企业创新投资行为的影响是一个重要研究方向。在所有权和经营权分离、高管个人利益与企业利益不一致的情况下，激励机制是缓解委托代理问题的重要措施（Jensen et al.，1990；王雷 等，2006）。与其他企业活动相比，创新活动风险很高，在研发的过程中严重的信息不对称和信息不完全（技术方向、技术含量、未来价值等）会导致较高的信息风险；研发资金不能持续供应或供应不足会提高研发失败的概率导致资金风险；未来收益的不确定性且滞后会引发较高的经济风险（袁东任 等，2015）。实证发现不同的激励方式能够影响管理者的风险决策行为，目前而言，实证中涉及的激励模式多为薪酬激励（Balkin et al.，2000）、股权激励（姜涛 等，2012；李连伟 等，2023）和内部晋升激励（张兆国 等，2014；许志勇 等，2023）。

Lin 等（2011）认为管理层薪酬激励对企业创新决策有正向作用。王燕妮（2011）也发现在我国，短期报酬技能促进企业创新。然而，Shen 等

（2103）的研究发现，薪酬与绩效挂钩是一种短期的风险激励，会导致管理者过度投资并产生效率较低的创新项目，降低企业长期绩效。姜涛等（2012）认为高管薪酬与企业创新之间并非简单的线性关系，而是倒 U 形关系，相对薪酬激励而言，股权激励能够有效促进创新。卢锐（2014）的研究显示在实施薪酬激励时，应该将事前激励与事后激励相结合，事前将薪酬与创新投资相结合，事后将薪酬与业绩相结合，这样既能够促进创新，也能提高创新效率。

关于股权激励对创新投资的研究，学者认为有两种相反的机制存在：利益趋同和防御效应（徐宁，2013；李连伟 等，2023）。一方面，股权激励能够将管理者利益和企业长期利益捆绑，减少管理者短期代理行为，有股权激励的管理者会从企业长远利益出发，加大创新投资（张洪辉 等，2010），即利益趋同机制。另一方面，当股权激励超过一定比例，高管持股过高时，高管受到外界监督就会减少，高管可能会以其他股东的利益换取自身利益，从而对创新投资产生负面影响（唐清泉 等，2009；陈昆玉，2010；Tien et al.，2012；李连伟 等，2023），即防御机制。

除了显性激励之外，学者还探讨隐性激励中的晋升激励对创新投资的影响。晋升激励是一种重要的隐性心理契约，晋升之后管理者会拥有更多的货币和非货币收益，因此学者认为晋升激励与显性的货币激励之间有替代关系（Gibbons et al.，1992；许志勇 等，2023）。张兆国等（2014）认为晋升激励能够补偿研发投资过程中管理者的私人成本，激发其进行创新投资的主动性和积极性，并且通过实证得到晋升激励正向调节既有任期与创新投资之间的关系。

还有学者从高管权力视角进行分析。管理者权力理论认为，管理者会利用手中的权力影响机理决策（Bebchuk et al.，2002；李莉 等，2018）。夏芸（2014）认为管理者权力越大，股权激励的设计越会偏离股东财富最大化的目标，对研发投资的激励作用越小。胡宁（2014）研究发现管理者权力过大会导致企业过度投资，并挤出创新投资。周建等（2015）研究认为首席执行官（CEO）权力越大，企业的战略风格越倾向于风险型，研发密集度越高。

2. 高管资源因素

越来越多的学者从高管社会资本角度探讨企业创新投资问题（Dalziel

et al.，2011）。高管的社会资本是指高管所拥有的除物质资本、人力资本之外的一种社会资源，影响企业的经济活动（Putnam，1993）。关于社会资本有两种观点：资源观和能力观。周小虎等（2004）认为社会资本是镶嵌于人、企业关系网络中可以利用的、实际和潜在的资源，这种观点即资源观。Blyler 等（2003）、张素平等（2023）等认为社会资本是与企业、社会的联系以及通过这种联系获取资源的能力总和，这种观点即能力观。目前，从社会资本角度探讨企业创新问题的文献主要涉及政治关系资本、行会关系资本、银行关系资本三个方面。

在我国经济发展的过程中，政府扮演了很重要的角色，政治关系资本能够帮助企业降低进入壁垒（罗党论 等，2009）、提高产权保护（江雅雯 等，2012）、缓解融资约束（杨建东 等，2010）、提高对失败的容忍度（袁建国 等，2015），进而促进企业创新投资。

行会关系是社会资本的重要组成部分，通过行会"抱团"提高竞争力的方式是应对经济全球化竞争加剧的有效手段。企业可以通过行会的帮助在一个相对公平、规范的环境中竞争，降低垄断和技术壁垒（陈爽英 等，2010），并且能通过行会关系资本获取更多的创新资源，以及更多的信息（张皓 等，2022），进而促进企业创新。另外，企业拥有良好的银行关系能够帮助企业获得更多的信贷资源，进而促进企业的创新投资。

3. 高管特征因素

高管是企业投资决策的最终制定者和执行者（Hambrick et al.，1984），差异性特质影响高管对宏观环境的把握和对机会的识别、判断和开发，进而影响创新投资行为及绩效。

目前，基于高阶理论的文献主要分为两种思路。第一种直接采用高管性别、年龄、教育背景和职业经历等常见的人口统计学特征来代理高管个体某些方面的特质，以此考察高管的能力、经验、风险偏好等对投资决策的影响（Hambrick et al.，1984；Child，1974）。对于创新投资，有学者从管理者的性别（陈德球 等，2023）、年龄（王胜海 等，2010；韦笑 等，2023）、学历（周建 等，2013；张守凤 等，2023）、任期（刘运国 等，2007；张兆国 等，2014）等特征进行考察。学者们通常认为高管的性别可以反映其风险偏好，这有助于解释不同公司之间的创新投资策略差异。高管的年龄一方面影响其风险倾向，另一方面也反映其能力和精力水平，从而对企业的创新投资决策及其效率产生直接影响。另外，许多研究将高管的学历和工作经历与其能力水平相联系，将任期和薪酬水平与其努力程度或风险水平相联系，形成理论性推导路径，以此探讨高管某方面特质对企业创新投资决策的影响。

第二种思路则直接从高管能力或情绪等特定维度的个体特质入手，基于信息不对称理论、委托代理理论和行为金融相关理论等，考察高管特质对企业创新投资决策及结果的影响。比如，具有较强能力的高管能够充分整合企业内外部的信息资源并对信息进行有效分析（Demerjian et al.，2012），更好地对企业未来的发展做出可靠估计，进而更准确地进行创新投资决策（Kaplan，2011）。此外，高管的主观情绪和认知模式也会对企业投资决策产生重要影响（陈守明 等，2012）；同时，高管的过度自信（王山慧 等，2013；Galosso et al.，2011；许秀梅 等，2022）和风险偏好（于长宏 等，2015；尉晓亮 等，2023）会直接影响企业的风险性投资决策，而激励水平则对其决策效果产生影响。

四、治理环境、晋升激励与国有企业创新投资的研究

从前文的梳理来看，从晋升激励的角度切入，综合企业外部治理环境因素分析国有企业创新投资的研究仍较为匮乏。然而，治理环境是区域内所有组织成员需接受的社会秩序模式，对于经济主体的行为动机、经营决策，以及经济主体的经营成果、社会经济发展都有重要的影响。同时治理环境作为外部治理机制，是公司治理机制发挥作用的基础（李维安 等，2010）。因此，分析高管晋升激励问题，需要综合考虑企业外部治理环境的影响。

在已有的研究中，周建等（2015）研究认为，CEO权力对于企业决策有重要影响，但是该影响受到外部治理环境的调节。有学者从市场化程度的角度分析市场环境对企业内部治理的影响。褚洪生（2016）研究认为高管薪酬激励效应受到市场化程度的调节，我国国有企业高管薪酬的激励效用存在制度特殊性。辛清泉等（2009）研究认为市场化水平对于缓解代理问题、提高国有企业高管激励效应有重要的正向作用。夏立军等（2005）、高雷等（2007）研究认为市场化程度对于经理人的激励和约束机制有正向的促进作用。

另外，还有学者从政府对国有企业高管薪酬管制的政策入手，分析制度环境的影响。陈冬华等（2005）研究证实了，存在国企高管薪酬管制时，高管会将在职消费作为货币化薪酬的替代性选择。辛清泉等（2007）研究认为，政府对国有企业高管的薪酬管制会刺激高管进行过度投资。陈信元等（2009）、梅洁（2015）等研究认为政府对国有企业高管的薪酬管制会提高高管腐败的概率。

第三章 制度背景分析与概念模型

任何组织或个人都是在一定的制度环境中生存的，且处于特定环境中的组织或个人的行为受到制度环境的影响，都趋向于趋利避害，适应或改造环境（廖开容 等，2011）。因此，了解制度环境的发展与演变，对于研究国有企业高管晋升激励行为对企业创新投资的影响具有重要的支撑作用。本章将以改革开放为起点，探讨中国四十多年的国有企业政策环境的发展与演变，主要涉及与本书研究主题相关的创新政策、国企改革政策、国有企业高管管理政策等。

第一节 中国治理环境的经验观察

本节依据我国最新的市场化进程报告，从时间纵向和地区横向分析我国治理环境现状，并从法治水平、政府干预程度和区域差异等角度总结我国治理环境的特点。

一、从时间纵向观察的结果

地区市场化指数是樊纲、王小鲁和朱恒鹏编制的，通过政府和市场的关系、非公有经济的发展、产品市场的发达程度、要素市场的发达程度、市场中介组织发达程度和法律制度环境五方面反映各省（区、市）的市场化进程及总体制度环境的差异。图 3.1 是我国市场化进程总指数趋势图，该指数是由各年各省（区、市）数据的平均分计算得来的。从图中的数据我们可以看出，除 2016 年和 2019 年外，各年份指数保持逐年上升的趋势，从 2013 年的 7.39 分上升到 2019 年的 8.19 分，提高了 0.8 分。

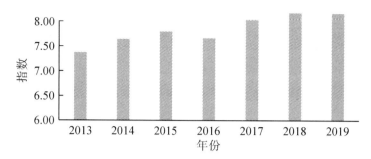

图 3.1　我国市场进程总指数趋势图

（资料来源：笔者研究整理。）

从细分指数来看，政府与市场关系的评分在 2015—2019 年持续下降。这种变化可能的原因是：经济转型过程中，在供给侧结构性改革、高质量发展理念的引导下，环境保护加强而对经济有一定程度的影响。

市场中介组织的发育和法律制度环境评分在 2013—2019 年呈现上涨趋势。党的十八大以来，我国反腐败的力度达到前所未有的强度，市场中介组织的发育和法律制度环境评分持续增长。

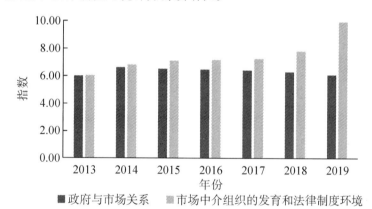

图 3.2　我国市场进程细分指数趋势图

（资料来源：笔者研究整理。）

二、从地区横向观察的结果

从图 3.3 的 2019 年地区人均 GDP 可以看出，我国人均 GDP 地区差异较大。北京、上海、江苏的人均 GDP 超过了 14 万元，已经达到了中等发达国家的水平。而广西、黑龙江、甘肃等地的人均 GDP 低于 5.5 万元，远低于北京、上海、江苏，不到这些地区的二分之一。人均 GDP 最高地区（北京，19.01 万元/人）的人均 GDP 是最低地区（甘肃，4.50 万元/人）的 4.22 倍。

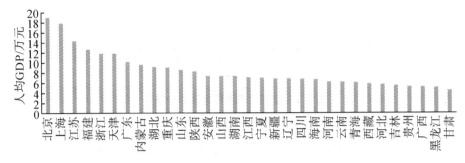

图 3.3　2019 年地区人均 GDP

（资料来源：笔者研究整理。）

图 3.4 中显示了各地区市场化指数，从图中我们可以发现，我国各地区市场化进程存在显著差异，指数大致从东部沿海向西部逐步递减，如东部地区浙江、上海、江苏、广东等地该指数都超过了 10。其中，江苏省2019 年市场化指数最高，达到 11.49。而市场化指数最低的西藏自治区该指数仅为 2.71，仅为江苏省市场化指数的 23.59%。除西藏自治区外，青海省的市场化指数位于倒数第二。

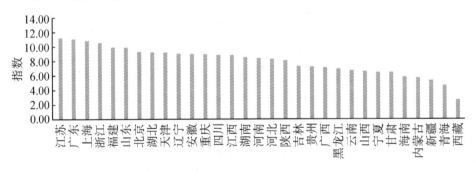

图 3.4　2019 年地区市场化指数

（资料来源：笔者研究整理。）

图 3.5 展示了 2019 年地区政府与市场关系指数，从地区差异来看，各地区指数由东向西逐步减少，但是减少辐度较小，其中 2019 年西藏自治区该指数为负。该指数最高的是江苏，为 8.89，除西藏外指数最低的是甘肃，为 3.44，差异明显。

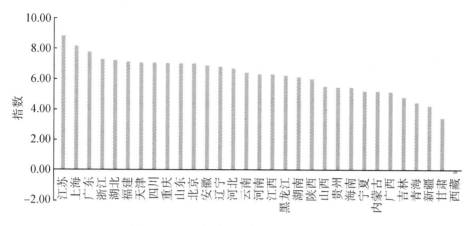

图 3.5　2019 年地区政府与市场关系指数

（资料来源：笔者研究整理。）

图 3.6 是 2019 年地区市场中介组织的发育和法律制度环境细分指数，各地区指数由东向西呈现快速下降的态势。该指数排名靠前的省份是：上海、广东、江苏、北京、浙江、天津等地；多数西部省份排名较低。指数最高的上海为 14.30，最低的内蒙古为 5.29，前者是后者的 2.7 倍。

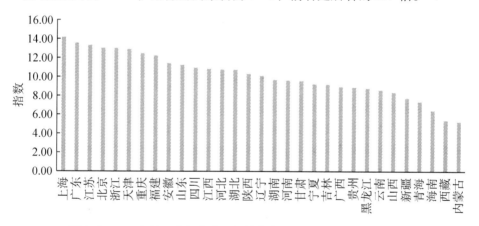

图 3.6　2019 年地区市场中介组织的发育和法律制度环境细分指数

（资料来源：笔者研究整理。）

三、中国治理环境的特点

我国正处于经济转型期，行政、立法、司法等方面与经济发展、社会发展阶段存在不匹配的现象，政府和市场分工、定位并不十分明确；政府干预现象仍普遍存在。我国长期的区域化发展战略，导致我国地区间制度环境差异较大。下面将从政府干预、法治水平、地区差异三方面分析目前我国制度环境的特点。

（一）政府干预普遍存在

在计划经济下，中央政府高度集中了财政收支的权力，随着财政分权改革，明确了中央和地方的权力和义务分配，地方政府拥有了经济自主权，成为经济的重要参与主体。同时，中央对地方政府的经济考核迫使地方政府以提高地方财政收入为目标，进一步提高了地方政府参与经济的积极性。

随着改革开放的进行，我国从计划经济逐步向市场经济转型，从政府主导经济向市场主导经济过渡。随着国有企业改革的深入，国有企业建立了现代化企业制度。国有企业从政府的行政单位，变成了市场中的自负盈亏的法人实体和参与市场竞争的经济主体。国有企业高管也从最先的行政治理阶段的国家干部，逐步发展为现代企业制度下的职业经理人。

不管如何转型、转型的阶段如何，政府仍掌握了大量资源，如有形的政府补贴、税收优惠、信贷支持等资源，以及无形的政府信用、政策信息等资源（李莉 等，2013），拥有干预企业生产运营的能力；同时国有企业多级行政化委托代理关系，也赋予政府影响所辖国有企业高管的任命和激励方案制定的权力，国有企业、国有企业高管的管理制度仍具有较浓厚的行政色彩，因此政府干预对国有企业的影响不容忽视。

（二）法律制度逐步完善

改革开放以来，政府已经制定了很多法律以保障市场的有序运行，针对上市公司也制定了一系列的法律法规，如《中华人民共和国证券法》《中华人民共和国公司法》《中华人民共和国企业破产法》《上市公司章程指引》《上市公司证券发行管理办法》等。这些法律法规对于规范上市公司、监管部门起到了约束作用，同时也对投资者的利益起到了一定的保护作用。

但是，随着市场经济的进一步发展，我国市场中介组织发育越来越成熟，执法水平和执法能力也有了较大的提高。同时，伴随着政企的进一步分离，政府对经济的干预逐步减少，我国市场化程度逐步提高，法律制度不断完善，法治水平不断提高。同时，党的十八大以来，政府着力解决发生在群众身边和矛盾巨大的反腐倡廉问题，以完善惩治和预防腐败体系为重点，注重教育、制度以及监督并举，强调推进制度创新，进一步提高了我国的法治水平。

（三）地区差异较大

我国幅员辽阔，地理区域上划分为东部、中部、西部、东北四个发展区域，在行政治理上划分为34个省级行政区，包括4个直辖市、23个省、5个自治区、2个特别行政区。自1978年党的十一届三中全会以来，随着"先沿海再内地，先东部再中西部"的发展战略逐步推进，东南部沿海城市在政策、资源等倾斜的条件下迅速崛起，我国各地区发展状况、经济增长状况呈现较大的差异，发展的不平衡、经济增长的不平衡也使得地区间的治理环境存在显著差异。

第二节　创新政策变迁沿革与创新实践

自改革开放以来，我国创新政策、创新活动历经四十多年的历程，从这四十多年的实践可以看出，我国的创新活动很大程度上是在政府的主导下进行的。随着改革开放的推进，我国创新政策在不同阶段有不同的特征。本书将分阶段对我国创新政策进行介绍，并对比分析。

一、中国创新政策发展阶段

（一）科技体系恢复阶段

该阶段主要涵盖1978—1985年。1978年全国科学大会审议通过了《1978—1985年全国科学技术发展规划纲要（草案）》，同年10月，中共中央正式转发《1978—1985年全国科学技术发展规划纲要》（简称《八年规划纲要》），对27个领域基础和技术两大科学门类的科研工作做出指导。全国科学大会的召开标志着我国全面恢复科技创新活动。

1982年召开的全国科学技术奖励大会进一步明确了科学技术与经济建设之间的互动关系，对《1978—1985年全国科学技术发展规划纲要》进行调整，确定了8个方面、38个攻关项目、114个有重大意义的科技课题；并通过了《第六个五年计划——科学技术攻关项目计划》（以下简称《科学技术攻关项目计划》），确保上述重要科学技术课题的顺利实施。《科学技术攻关项目计划》是首个被纳入国家发展规划的科技计划，对于中国科学创新活动的开展、科学技术的推动有着重大促进作用。

此后至 1985 年，中国政府又相继通过 1982 年的国家技术改造计划和国家重点科技攻关计划，以及 1984 年的国家重点实验室建设计划和国家重点工业性试验计划等多项国家级别的科技计划。这一系列会议的召开、计划的颁布与落实使得我国科技体系初步恢复。

（二）科技体系完善阶段

该阶段主要涵盖 1985—1995 年。该阶段政策在具体落实时仍然出现科技与经济"两张皮"的现象。生产中出现的急需解决的问题没有在科研课题中反映，而且科研成果与个人利益不挂钩使得对于科研人员而言有效的激励机制缺失，因此并没有形成如指导方针所要求的科学技术和经济建设的有效互动。

为了提高科研机构、科研人员、科研活动的活力，解决科学技术和经济建设的有效互动问题，中国政府陆续颁布了《中共中央关于科学技术体制改革的决定》（1985）、《1986—2000 年科学技术发展规划》（1985）、《1991—2000 年科学技术发展十年规划》（1991），以及火炬计划和"863 计划"等。

这些举措推动了技术成果的转化、传统行业的改造以及高科技产业的兴起。但是在科技体系完善阶段（1985—1995 年），计划体制仍然是科技发展的基础，科研机构是这个阶段的创新主体。然而，这一阶段政府的各种努力对科技系统的分化、科技型企业的产生都有重要的推动作用。

（三）企业成为创新主体阶段

该阶段主要涵盖 1995—2006 年。《中共中央、国务院关于加速科学技术进步的决定》（1995）、《"九五"全国技术创新纲要》（1996）明确了"科教兴国"的战略，并提出创新主体为企业的重要指导方针，这标志着我国进入了企业为创新主体的阶段。

随着改革开放的不断推进，我国经济得到快速发展，但是改革开放后的近二十年我国经济呈现粗放式发展的态势，经济结构不合理、能源效率过低、环境成本较高等问题不断显现。而国际范围内，科技革命不断加快，科技创新成为提高一个国家综合实力的重要力量。面对如此严峻的形势，国务院做出了加快科技创新、促进科技进步的决定。因此，国务院提出"科技创新"的国家战略，并且在《"九五"全国技术创新纲要》（1996）中明确要求改变前期计划经济下科研机构为创新主体的模式，要求创新主体以企业为主，提高创新活力。

在这个阶段，为了配合"科教兴国"战略的落实和实施，国家相关部门相继发布了一系列专项发展计划，如"973 计划"、西部开发科技专项行动、社会发展科技计划；并设计了相关工程，如知识创新工程、国家科技创新工程等；同时设立了多个科技园区，国家级别的如国家大学科技园。在促进企业创新方面，从 1996 年起实施了企业科技创新计划，并强调引进科学技术的重要性；同时为了提高民营企业创新的积极性，颁布了大量促进创新的财政、金融、税收政策。在促进科技体制改革方面，各部委相继配合出台了配套政策，促进用人体制、科研体制改革重组，打破科研机构僵化。

这一阶段，改革效果明显。国家范围内企业技术创新意识明显增强、创新投资活动显著增多；经过改制许多科研机构转变为企业，科研活跃度提高。

（四）建设创新型国家战略实施阶段

该阶段主要涵盖 2006—2015 年。2006 年 1 月全国科学技术大会以及《国家中长期科学和技术发展规划纲要（2006—2020 年）》中，提出"自主创新，建设创新型国家"的国家战略。这一战略是基于国家经济发展面临的两大问题提出的。第一，在改革开放初期，经济增长方式是要素驱动，该方式投入要素成本低，但是能源消耗高、效率低，环境污染高、产品附加值低；然而随着劳动力成本的提高，人口红利的减少，各类成本显著上升，要素驱动型的生产方式难以为继，经济增长方式向创新驱动型转变势在必行。第二，随着经济全球化的越来越深入，国家间的竞争越来越激烈，科技创新能力和科技实力成为国家竞争力的核心，也决定了一个国家在国际产业中的分工和全球经济格局中的地位。十几年技术引进的实践证明引进国外核心技术来实现自己的创新是不现实的，引进之后不但不能形成自己的核心竞争力，还会影响国家安全。面对这样的现实，我国颁布了《国家中长期科学和技术发展规划纲要（2006—2020 年）》，以及《实施〈国家中长期科学和技术发展规划纲要（2006—2020 年）〉的若干配套政策》（以下简称《配套政策》）。

随后国务院在 2006 年 2 月 26 日迅速颁布了 99 条《配套政策》实施细则。该《配套政策》的落实解决了过去创新政策不配套、不衔接的问题，形成了相对完整的政策体系。2012 年 7 月再一次召开全国科技创新大会，并颁布《国务院印发深化科技体制改革意见》重点强调"科教兴国"和"人才强国"战略。2012年9月颁布《中共中央 国务院关于深化科技体制改革 加快国家创新体系建设的意见》再一次就科技体制改革给出相关政策。2015年"大众创业、万众创新"被写入政府工作报告,政府工作报告中也对此提出了明确的要求。为了保障双创的顺利落实,国家颁布了大量优惠政策,如《关于大力推进大众创业万众创新若干政策措施的意见》(2015年)、《关于加快构建大众创业万众创新支撑平台的指导意见》(2015年)。国家的鼓励扶持政策调动了社会大众创业的积极性。

（五）创新驱动发展阶段

2015年党的十八大提出实施"创新驱动发展战略",这意味着我国的创新发展正式进入创新驱动发展阶段。党的十八届五中全会提出"创新、协调、绿色、开放、共享"的发展理念,将创新作为国家发展的首要目标,创新成为引领发展的第一动力。

2022年党的二十大进一步提出"加快实施创新驱动发展战略"。党的二十大报告明确指出:"必须坚持科技是第一生产力、人才是第一资源、创新是第一动力,深入实施科教兴国战略、人才强国战略、创新驱动发展战略,开辟发展新领域新赛道,不断塑造发展新动能新优势。"

党的十八大以来,一系列重要科技政策陆续出台。2016年5月,中共中央、国务院印发《国家创新驱动发展战略纲要》(以下简称《纲要》),该《纲要》提出了30条科技体制改革意见,是我国全面科技体制改革的"顶层设计"。2018年1月,国务院印发《关于全面加强基础科学研究的若干意见》,2020年3月,科技部、国家发展改革委等多部委联合印发《加强"从0到1"基础研究工作方案》。这两个文件意在指出我国基础科学研究短板,明确基础科学研究三步走的发展目标,优化基础研究发展机制和环境。2022年9月,中共中央、国务院印发了《关于新时代进一步加强科学技术普及工作的意见》(以下简称《意见》),该《意见》从制度上推进了科普和科技创新工作。

另外,党的十八大以来,科技立法方面也取得了积极进展。2015年8月第十二届全国人民代表大会常务委员会通过修订后的《中华人民共和国促进科技成果转化法》、2021年12月第十三届全国人民代表大会常务委员会通过修订后的《中华人民共和国科学技术进步法》、2019年3月国务院通过的《中华人民共和国人类遗传资源管理条例》、2020年10月国务院公布修订后的《国家科学技术奖励条例》等，这些科技领域的法律法规，为全面促进我国科技发展提供了重要的法律保障。

二、各阶段政策比较分析

从改革开放至今，参与创新政策制定的部门、机构众多，包括全国人民代表大会、国务院、科技部、国家税务总局、财政部、外经贸部等40多个机构。

另外，我国颁布的创新政策和科技政策数量繁多（没有官方准确的记录）（郑代良 等，2010；周高辉，2011），而且政策涵盖内容全面，包括自然资源、工业、农业、能源开发及节能技术、环境保护、地质和原材料、国防、食品及轻纺消费品、交通运输、新兴技术、机械及电子设备、社会发展等多个方面，几乎遍及国民经济的所有相关领域。

同时，我国创新政策的政策工具也多种多样，既包括税收优惠、政府采购、政府补贴支持、直接融资支持、间接融资帮助等，也包括知识产权保护、科技人才等。目前已经形成了一个完整的政策体系。

最后，创新政策变动相对频繁，但政策一致性较高。虽然多年来，政策实施时间较长，参与制定政策的部门较多，创新政策数量繁杂，但是所有的政策都根据我国经济发展现状和外部创新环境变化，及时跟进和调整，制定思路、原则和方向是我国经济、政治制度的体现，所以在政治制度引导下，创新政策虽然变动频繁，但是政策一致性较高。

随着党的十八大、十九大、二十大的推进，科技发展地位进一步提升，科技相关政策系统性更强，由上至下涉及制度建设、发展环境规划、局部发展意见、实施保障等多个方面。这类政策有助于推动我国各类参与主体参与创新建设，实现经济向创新驱动发展转换。

三、改革开放以来的创新实践

由于技术创新的质量和数量无法直接衡量，我们用 R&D 投入、专利数量等客观的、可统计的替代性指标进行衡量。因此本书将通过这些统计的替代指标描述我国创新实践的效果。

（一）创新实践的总体情况

上文阐述了我国创新政策的发展沿革，随着创新政策的颁布、落实与完善，我国国家财政科技拨款逐年提高，如表 3.1 所示，国家财政科技拨款从 2002 年的 816.2 亿元增长到了 2022 年的 11 128.4 亿元。然而从财政拨款的相对比重来看，科技拨款占公共财政支出的比重并没有明显增加，保持在 4% 左右。

另外，随着创新政策落实的深入，我国研究与开发经费从 2002 年的 1 287.6 亿元，增长到了 2022 年的 30 782.88 亿元，增长了近 23 倍，但是科技拨款占研究开发总经费的比重从 2002 年的 63.39% 降低到了 2022 年的 36.15%。可见，虽然国家财政科技拨款占公共财政的比重没有提高，但是创新政策的有效落实、国家财政资金的投入，带动了更多的社会资金投入科技创新中，创新模式由原来以国家为主体的模式，转变为社会资金集体参与的模式，创新活力有所提高。

在经济增长中，劳动、投资和科技这三大要素有重要作用。科技进步贡献率反映的是在经济增长中，除开资本和劳动后，科技对经济增长贡献的份额。科学技术是第一生产力，从《中国科技统计年鉴》中的科技进步贡献率可以看出，2001—2006 年，我国科技进步贡献率为 44.3，2015—2020 年，科技进步贡献率达到了 60.2。可见，随着创新政策的落实和完善，创新活动的不断开展，我国科技进步贡献率不断提高。

表 3.1　国家财政科技拨款情况

年份	国家财政科技拨款/亿元	科技拨款占公共财政支出的比重/%	研究与开发经费/亿元	科技拨款占研究与开发总经费的比重/%
2002	816.2	3.70	1 287.6	63.39
2003	944.6	3.83	1 539.6	61.35
2004	1 095.3	3.84	1 966.3	55.70
2005	1 334.9	3.93	2 449.97	54.49
2006	1 688.5	4.18	3 003.1	56.23
2007	2 135.7	4.29	3 710.242	57.56
2008	2 611.0	4.17	4 616.021 8	56.56
2009	3 276.8	4.29	5 802.106 8	56.48
2010	4 196.7	4.67	7 062.577	59.42
2011	4 797.0	4.39	8 687	55.22
2012	5 600.1	4.45	10 298	54.38
2013	6 184.9	4.41	11 847	52.21

表3.1(续)

年份	国家财政 科技拨款 /亿元	科技拨款占公共 财政支出的比重 /%	研究与开发 经费/亿元	科技拨款占 研究与开发 总经费的比重/%
2014	6 454.5	4.25	13 015.6	49.59
2015	7 005.8	3.98	14 169.88	49.44
2016	7 760.7	4.13	15 676.75	49.50
2017	8 383.6	4.13	17 606.13	47.62
2018	9 518.2	4.31	19 677.93	48.37
2019	10 717.4	4.49	22 143.58	48.40
2020	10 095.0	4.11	24 393.11	41.38
2021	10 766.7	4.38	27 956.31	38.51
2022	11 128.4	4.27	30 782.88	36.15

资料来源：笔者研究整理。

表 3.2 科技进步贡献率   单位:%

时间区间	科技进步 贡献率	时间区间	科技进步 贡献率	时间区间	科技进步 贡献率
2001—2006	44.3	2005—2010	50.9	2009—2014	54.2
2002—2007	46	2006—2011	51.7	2010—2015	55.3
2011—2016	56.4	2012—2017	57.8	2013—2018	58.7
2014—2019	59.5	2015—2020	60.2		

资料来源：笔者研究整理。

（二）创新实践的分机构对比

另外，从参与创新主体的身份来看，我国参与创新的主要有企业、研究与开发机构、高等学校，这三类主体的 R&D 经费投入占总体投入的 90% 以上。其中，企业在创新中的主体地位不断提高。2008 年，企业占总体 R&D 经费投入的比例为 73%，而到 2022 年，该比例达到了 78%。高等院校 R&D 经费投入的总量逐年递增，但是占总投入的比例近年来有所下降，2022 年该比例仅为 8%。另一个重要参与主体是研究与开发机构，其 R&D 经费投入的总额也逐年上升，然而随着企业 R&D 经费投入的快速增长，研究与开发机构 R&D 经费投入占比逐年下降。参与主体的变化也体现了我国以企业为创新主体的政策要求。

分机构 R&D 经费投入情况如表3.3所示。

表3.3　分机构 R&D 经费投入情况

年份	企业/家	研究与开发机构/家	高等学校/所	企业/%	研究与开发机构/%	高等学校/%
2008	3 381.73	811.30	390.20	0.73	0.18	0.08
2009	4 248.60	995.95	468.17	0.73	0.17	0.08
2010	5 185.47	1 186.40	597.30	0.73	0.17	0.08
2011	6 579.33	1 306.71	688.85	0.76	0.15	0.08
2012	7 842.24	1 548.93	780.56	0.76	0.15	0.08
2013	9 075.85	1 781.40	856.71	0.77	0.15	0.07
2014	10 060.64	1 926.18	898.15	0.77	0.15	0.07
2015	10 881.35	2 136.49	998.59	0.77	0.15	0.07
2016	12 144.00	2 260.18	1 072.24	0.77	0.14	0.07
2017	13 660.23	2 435.70	1 265.96	0.78	0.14	0.07
2018	15 233.72	2 698.35	1 457.88	0.77	0.14	0.07
2019	16 921.79	3 080.80	1 796.62	0.76	0.14	0.08
2020	18 673.80	3 404.80	1 882.50	0.77	0.14	0.08
2021	21 504.10	3 717.90	2 180.50	0.77	0.13	0.08
2022	23 878.60	3 814.40	2 412.40	0.78	0.12	0.08

资料来源：笔者研究整理。

（三）创新实践的分地区对比

1978年党的十一届三中全会以来，随着"先沿海再内地，先东部再中西部"的发展战略逐步推进，东南部沿海城市在政策、资源等倾斜的条件下迅速崛起。随着时间的推移，我国各地区发展状况、经济增长状况呈现较大的差异，从创新实践上地区之间的差异也十分明显。

下面本书将按地理位置将我国分为东部地区、中部地区、西部地区和东北地区，并分地区介绍创新实践状况。东部地区包括北京、天津、河北、山东、江苏、上海、浙江、福建、广东、海南十个省（市），中部地区包括山西、河南、安徽、湖北、江西、湖南六个相邻省份，西部地区包括陕西、四川、云南、贵州、广西、甘肃、青海、宁夏、西藏、新疆、内蒙古、重庆十二个省（区、市），东北地区包括辽宁、吉林和黑龙江三个省。

表 3.4　分地区 R&D 经费总数　　　　　　　　　　单位：亿元

年份	东部地区	中部地区	西部地区	东北地区
2015	9 628.883 1	2 146.913 37	1 731.614 52	662.473 67
2016	10 689.383 6	2 378.137 7	1 944.339 0	664.888 0
2017	11 884.846 4	2 820.167 7	2 196.635 9	704.479 6
2018	13 189.924 8	3 287.269 1	2 490.642 6	710.092 9
2019	14 614.013 33	3 867.642 48	2 858.525 65	803.395 9
2020	15 968.284 4	4 330.211 2	3 212.941 1	881.675 6
2022	20 237.482 6	5 557.565 4	3 961.843 2	1 025.991 2

资料来源：笔者研究整理。

从地区 R&D 经费总数来看，东部地区占绝对领先地位，2015 年经费投入达到 9 628.883 1 亿元，是中部、西部、东北地区总和的 2.12 倍。到 2022 年，东部地区的经费投入达到了 20 237.482 6 亿元，几乎是中部、西部、东北地区总和的 1.92 倍。中部地区 2015—2022 年增长了 1.59 倍。西部地区的增长率次之，增长了 1.29 倍，东部地区增长了 1.1 倍，而东北地区仅增长了 0.55 倍。中华人民共和国成立初期，东北地区由于有工业基础，且与苏联相连，建立了许多重工业基地。随着资源的消耗和政策的调整，东北地区逐步走向衰败，创新投入不足或许也是东北的工业走向衰败的重要原因。

从地区有效专利数来看（如表 3.5 所示），东部地区仍处于绝对的领先地位。东部地区从 2015 年的 3 371 430 件，增长到了 2022 年的 11 886 886 件，增长了 2.53 倍；中部地区从 2015 年的 600 824 件，增长到了 2022 年的 2 439 190 件，增长了 3.06 倍，增长率最高；西部地区从 2015 年的 522 476 件，增长到了 2022 年的 1 844 116 件，增长了 2.53 倍；东北地区从 2015 年的 178 805 件，增长到了 2022 年的 548 800 件，增长了 2.07 倍，总量和增长率都是最低的。分地区技术流向和技术输出合同金额也体现出巨大的地区差异，如表 3.6 所示。

表 3.5　分地区有效专利数　　　　　　　　　　单位：件

年份	东部地区	中部地区	西部地区	东北地区
2015	3 371 430	600 824	522 476	178 805
2016	3 863 963	715 935	629 583	197 003

表3.5(续)

年份	东部地区	中部地区	西部地区	东北地区
2017	4 443 744	838 971	701 951	219 341
2018	5 311 384	1 012 636	829 803	244 924
2019	6 242 121	1 208 004	960 165	281 229
2020	7 979 877	1 574 597	1 203 644	356 917
2021	10 179 194	2 072 331	1 576 880	467 093
2022	11 886 886	2 439 190	1 844 116	548 800

资料来源：笔者研究整理。

表3.6　分地区技术流入和技术输出合同金额　　　　单位：亿元

地区		2008	2009	2010	2011	2012	2013	2014	2015
技术流入	东部	4 786.36	5 568.89	7 101.30	9 242.88	12 759.97	16 349.01	17 944.34	26 085.04
	中部	1 148.78	1 522.00	1 776.53	2 243.44	3 057.52	3 878.55	6 272.62	9 048.23
	西部	1 704.12	2 173.91	2 321.08	3 537.02	3 552.97	6 897.85	6 892.75	11 377.21
	东北	393.47	468.66	605.38	865.82	937.91	1 126.09	972.29	1 280.54
技术输出	东部	6 356.13	7 368.38	8 569.32	11 003.53	14 249.41	18 389.91	20 342.06	27 385.17
	中部	1 245.96	1 407.12	1 753.05	2 222.88	2 860.16	3 719.50	6 290.93	10 344.41
	西部	1 345.01	1 589.93	1 845.81	2 928.48	3 375.07	4 754.75	5 632.18	8 592.96
	东北	421.23	565.45	752.46	982.36	1 264.61	1 360.17	1 213.41	1 468.48

资料来源：笔者研究整理。

（四）创新实践的国际对比

从国内纵向对比来看，我国的创新实践不论是投入还是产出都得到了飞速的提高，然后从国与国之间的横向对比来看，我国与发达国家的创新实践还有很大差距。从研发支出占 GDP 比重我们发现，我国研发支出占 GDP 比重近年来虽然一直都在提升，但是与美国、日本这些发达国家相比仍有差距。

表3.7　研发支出占 GDP 比重的国际对比　　　　单位:%

年份	中国	美国	日本	英国
2012	1.91	2.70	3.34	1.62
2013	1.99	2.74	3.48	1.66
2014	2.02	2.76	3.59	1.70

表3.7(续)

年份	中国	美国	日本	英国
2015	2.06	2.79	3.24	1.63
2016	2.10	2.85	3.11	1.65
2017	2.12	2.91	3.17	1.66
2018	2.14	3.01	3.22	1.71
2019	2.24	3.18	3.21	1.71
2020	2.41	3.47	3.27	2.93
2021	2.44	3.46	3.30	—

资料来源：笔者研究整理。

四、国有企业创新状况

本书从创新投入、创新产出两个角度对比分析内资企业中的国有企业、非国有企业，以及港澳台商投资企业和外商投资企业的创新状况。

（一）创新投入分析

从创新投入来看，国有企业创新经费投入远远低于非国有企业，而且成长率也相对较低。2015 年，国有企业的 R&D 经费投入为896.18 亿元，非国有企业的 R&D 经费投入为 6 816.25 亿元；到 2022 年，国有企业的 R&D 经费投入为 10 771.05 亿元，非国有企业的 R&D 经费投入为 10 395.38 亿元，其间国有企业的 R&D 经费投入增长近 12 倍，而非国有企业仅增长了 52.51%。港澳台商投资企业和外商投资企业 R&D 经费投入分别增长了 69.23%、52.78%。对比来看，国有企业创新投资从绝对数值和相对增长率来看都处于相对领先的位置。

表 3.8　分企业类型 R&D 经费支出　　　　　单位：亿元

年份	国有企业	非国有企业	港澳台商投资企业	外商投资企业
2015	896.18	6 816.25	947.65	1 353.85
2016	839.47	7 685.91	1 013.55	1 405.73
2017	848.00	8 575.01	1 115.05	1 474.90
2018	794.32	9 477.73	1 130.75	1 552.03
2019	706.66	10 512.31	1 138.37	1 613.77
2020	673.76	11 598.93	1 256.16	1 742.44
2022	10 771.05	10 395.38	1 603.75	2 068.44

资料来源：笔者研究整理。

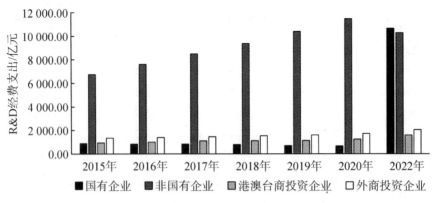

图 3.7　分企业类型 R&D 经费支出

（资料来源：笔者研究整理。）

从 R&D 人员投入来看，国有企业 R&D 人员的投入在 25 万人左右波动，在 2015 年达到了峰值 33.9 万人，2013 年之后又持续下降，总体呈现下降趋势。而非国有企业 R&D 人员的投入从 2015 年的约 250 万人，增长到了 2022 年的 469 万人，增长了 87.62%。港澳台商投资企业和外商投资企业 R&D 人员投入分别增长了 43.55%、23.79%。对比来看，国有企业 R&D 人员投入的绝对值和相对增长率在四种类型的企业中处于较落后的位置。

表 3.9　分企业类型 R&D 人员投入　　　　　　　　　单位：人

年份	国有企业	非国有企业	港澳台商投资企业	外商投资企业
2015	338 717	2 499 454	374 799	432 978
2016	301 628	2 737 241	395 713	432 762
2017	286 233	2 909 105	427 185	422 535
2018	241 253	3 124 229	435 717	459 971
2019	201 842	3 381 530	412 326	444 852
2020	193 941	3 683 385	434 803	455 372
2022	224 788	4 689 352	538 029	535 989

资料来源：笔者研究整理。

（二）创新产出分析

由于数据可得性的限制，本书仅从 2019—2022 年的专利申请和发明专利申请数粗略地描述不同类型企业的创新产出。

表 3.10　分企业类型专利情况　　　　　　　单位：件

企业类型	2013		2014		2015	
	专利申请数	发明专利	专利申请数	发明专利	专利申请数	发明专利
国有企业	62 248	72 848	69 637	40 732	78 321	48 434
非国有企业	850 616	955 719	1 013 196	348 625	1 234 791	433 335
港澳台商投资	70 919	93 651	73 083	24 182	92 506	34 792
外商投资	76 025	95 856	88 097	32 558	95 799	34 241

资料来源：笔者研究整理。

从已有的数据可以看出，国有企业专利申请数、发明专利在四种类型企业中处于最低的位置，且增长率较低。而非国有企业专利申请数、发明专利总量在不同类型企业中占绝对领先的位置，且保持着较高的增长率。

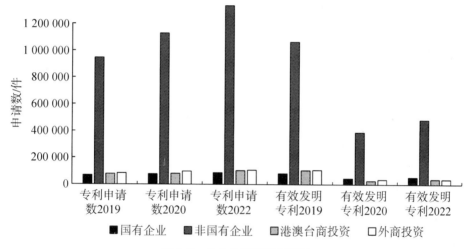

图 3.8　分企业类型专利情况

（资料来源：笔者研究整理。）

从创新投入、创新产出两个角度对比分析内资企业中的国有企业、非国有企业，以及港澳台商投资企业和外商投资企业的创新状况我们可以看出，民营企业是创新的主力军，而作为国家经济主导力量的国有企业还没有成为创新的领头羊和排头兵。

第三节　中国国企与国企高管管理制度改革

1978 年 12 月召开的党的十一届三中全会是一次具有重要意义的会议，此次会议是中国发展的重要转折点。这次会议做出了"把全党的工作重点转移到社会主义现代化建设上来"的战略决策，该思想指导我国从上至下、从计划经济向市场经济进行转化，是中国改革开放、发展社会主义市场经济的起点。国有企业的改革也随之进行。

一、国有企业改革历程及政策趋势

（一）国有企业改革历程

本书结合国家政策，认为改革开放以来国有企业改革大致可以分为五个阶段，1979—1984 年的实行放权让利阶段、1985—1992 年的实行承包责任制阶段、1993—2002 年的建立现代企业制度阶段、2003—2012 年的现代企业制度发展和完善阶段，以及 2013 年至今的全面深化改革阶段，本部分重点介绍前四部分，2013 年至今的全面深化改革阶段将在后文重点介绍。

1. 实行放权让利阶段

该阶段主要涵盖 1979—1984 年。党的十一届三中全会中提出，国有企业发展存在问题，如"经济管理体制过于集中，应该有计划地大胆下放"，让企业等拥有"自主权"，并且"注意加强责任制"，避免"无人负责"的现状。面对这些问题，党中央、国务院相继出台了相关规定，对国有企业进行放权让利、责任化经营的改革。

为了调动企业及企业负责人的积极性，国家出台了多项规定与条例，完善相关激励与保障制度，包括《关于扩大国营工业企业经营管理自主权的若干规定》（1979）、《国营工业企业职工代表大会暂行条例》（1981）、《国营工厂厂长工作暂行条例》（1982）、《国营工业企业暂行条例》（1983）等。这一系列的规定与条例，明确了国营企业、工厂的法人地位和独立经营地位，扩大了国营企业负责人的管理权限。

《关于国营企业实行利润留成的规定》《关于国营工业企业利润留成试行办法》等规定与条例，改变了国营企业利润全部上缴国家的现象，提高了企业自主经营的积极性。

在放权让利的过程中，国家重点通过"拨改贷"和"利改税"巩固改革思路。"拨改贷"始于 1979 年的《关于基本建设投资试行贷款办法的报告》及《基本建设贷款试行条例》，1981 年的《关于实行基本建设拨款改贷款的报告》，1984 年的《关于国家预算内基本建设投资全部由拨款改为贷款的暂行规定》对"拨改贷"政策进行了巩固。"拨改贷"是将过去资金由国家无偿提供的形式改为企业作为债务人向国家借款的形式，通过这样的方式加大企业的责任，也部分解决了国家负担过重的问题。"拨改贷"政策的调整方式是正确的，但是由于国有企业经营不善，产生的债务对于国有企业而言过重，国有企业不能偿还。而国家作为债权人，面对国有企业不能偿还债务的情况，不但无法在市场化经济条件下进行破产清算，还需要通过政策倾斜减轻国有企业负担。这导致"拨改贷"的实际运行效果并不显著。如 1995 年的《国务院批转国家计委、财政部、国家经贸委关于将部分企业"拨改贷"资金本息余额转为国家资本金的意见的通知》的颁发就是为了减轻"拨改贷"给企业带来的资金负担。"利改税"是通过税收的形式，改变国家与企业之间的利润分配，实现政企初步分离，企业自主经营、自负盈亏。1983 年《关于对国营企业征收所得税的暂行规定》《关于国营企业利改税试行办法》将前期试点的"利改税"政策扩大到国有企业。

在改革开放初期，国企改革的"放权让利"对于调动企业、企业负责人的积极性有重要的促进作用，但是在该阶段，国有企业、政府之间的关系并不明晰，执政者、所有者、出资者、代理者的角色并不明确。

2. 实行承包责任制阶段

该阶段主要涵盖 1985—1992 年。针对企业缺乏活力的问题，1984 年10 月颁布的《中共中央关于经济体制改革的决定》强调"增强企业活力是经济体制改革的中心环节"。在《中共中央关于经济体制改革的决定》的指导下，国有企业实行承包责任制、租赁经营责任制，进一步明确企业自主经营的地位，调整国家与企业之间的委托代理关系。承包责任制借鉴农村土地承包责任制的经营，要求企业按照法律规定纳税，并按照国家指标上缴利润，超额利润作为企业可支配收益。《国务院关于深化企业改革增强企业活力的若干规定》（1986）要求"实行厂长负责制的企业，要同时实行厂长任期目标责任制，并切实保障经营者的利益"。《全民所有制工业企业转换经营机制条例》（1992）进一步明确企业自主经营权利和政府的责任。

另外，1986年《中华人民共和国民法通则》规定中国企业法人制度，同年《中华人民共和国破产法（试行）》改变了国有企业"只生不死"的体制弊端（虽然在颁布之后的较长时间内并没有实施）。这两部法律对于我国经济制度改革、国有企业改革都有奠基性的作用，标志着民商法制度的初步建立。《中华人民共和国全民所有制工业企业法》（1988）进一步明确了政府、企业的地位和作用，对于规范政企关系、促进国有企业自主经营有重要的推动作用。

然而，在承包经营阶段，国家虽然进一步放权让利，但是并没有明晰法人财产权利，企业实际上是由国家委托经营，国家仍然对企业承担责任。

3. 建立现代企业制度阶段

该阶段主要涵盖1993—2002年。改革开放初期，在国有企业中实施的"放权让利"、经营承包制的改革举措，虽然一定程度上提高了企业经营的自主性，但是并没有真正解决政企不分的问题，这一阶段的主要任务是建立现代化企业制度，实现经营权和所有权分离，改革的重点主要包括产权改革和企业制度改革。

1993年《中共中央关于建立社会主义市场经济体制若干问题的决定》要求国有企业转换经营机制，建立"产权清晰、权责明确、政企分开、管理科学"的现代企业制度。

1993年12月颁布的《中华人民共和国公司法》（以下简称《公司法》）是落实市场经济体制的基础性法律，为建立现代企业制度奠定了基础，《公司法》第一次明确了企业法人财产权。

1994年发布的《关于选择一批国有大中型企业进行现代企业制度试点的方案（草案）》等法规法令，标志着国有企业的改革进入实质性的产权改革——建立现代化企业制度的阶段。该阶段政策法令先选择试点地区，再逐步推广施行，其主要思想是制度创新、明晰产权、规范政企关系、调整战略、调整企业人员结构，使国有企业适应市场经济发展的需求，并逐步实现资源的市场化配置，以代替政府的行政干预。

在这一阶段，除了建立现代化企业制度之外，我国政府积极探索多种所有制形式，为我国国有企业股份制改革奠定了制度基础。1997 年党的十五大明确提出要求"探索公有制的多种实现形式"；《中共中央关于国有企业改革和发展若干重大问题的决定》（1999）提出了国企改革的目标、指导方针、重要举措，明确了国有企业的重要地位与功能，并且将之与社会主义基本经济制度区分开来。此后，国有企业陆续进行公司制与股份制的改革，促进了国有经济的发展与良性循环。

4. 现代企业制度发展和完善阶段

该阶段主要涵盖 2003—2012 年。2003 年 3 月国有资产监督管理委员（简称国资委）的成立，以及《企业国有资产监督管理暂行条例》（2003）标志着国有企业改革进入了一个新阶段。国务院成立中央一级国资委，以及省和地、市两级地方政府成立地方国资委，国资委代表国家、代表人民作为国有企业的出资人和监管人。通过这种方式实现政企分离，中央各部门、各级地方政府不直接参与国有企业的经营与管理，而由国资委统一履行管理监督职责。2008 年 10 月《中华人民共和国企业国有资产法》的颁布使得国有资产管理法律体系逐步建立与完善。

在此阶段，大型国有金融企业股份制改革也是国有企业改革的重点。从 2003 年起，国有大型商业银行进行股份制改革，同时引进境内外战略投资者，优化股权结构，并且逐步推行境内外股票市场发行上市，在国际、国内资本市场进行流转。至 2006 年，国有企业股份制改革基本完成，实现了股票的全流通。

该阶段对于经营不善的国有企业进行了清理与整顿，提高了国有企业经营的效率与效果。然而随着改革的深入，国有企业中管理者薪酬过高、管理腐败现象频出。为了规范国有企业高管行为，加强内部控制，国务院国资委相继颁布多条行为监督管理办法。2003 年 11 月，《中央企业负责人经营业绩考核暂行办法》正式颁布；2003 年 12 月《中央企业负责人经营业绩考核暂行办法》出台；2003 年 12 月《国务院国有资产监督管理委员会党风廉政建设责任制实施办法》《国务院国有资产监督管理委员会机关工作人员廉洁自律若干准则（试行）》颁布；2006 年 4 月《中央企业综合绩效评价管理暂行办法》；2006 年 12 月《中央企业负责人经营业绩考核暂行办法》、2008 年 2 月《中央企业负责人年度经营业绩考核补充规定》、

2010 年 8 月《中央企业全员业绩考核情况核查计分办法》、2012 年 12 月《中央企业负责人经营业绩考核暂行办法》等也相继出台。

（二）党的十八大以来国有企业改革政策趋势

2012 年 12 月，时任国资委主任王勇在中央企业负责人会议上提出的"国企改革顶层设计"，即国企改革顶层设计 1+N 方案，该方案是一个纲领性文件，其由国有企业改革领导小组总揽，由国资委联合财政部、发改委、人社部等部门进行起草，2013 年上半年初稿成型，2015 年 8 月发布最终稿，并陆续发布相关配套文件。

国企改革顶层设计方案包含 1+N 个顶层设计文件。其中，"1"为《国务院关于国有企业改革指导意见》，"N"为 34 项文件，包括《国有企业功能定位与分类》《国有资本投资公司设立的改革方案》《国有企业发展混合所有制经济的指导意见》《规范国有企业法人治理结构的指导意见》《关于国有企业布局与结构调整的指导意见》《国有企业履行企业社会责任的指导意见》《剥离企业办社会和解决历史遗留问题的指导意见》《关于混合所有制企业实行员工持股试点的指导意见》《完善国资管理体制的改革方案》《关于进一步加强和改进外派监事会工作的意见》等。

本阶段的国企改革重点落脚在分类推进国有企业改革、完善现代企业制度、完善国有资产管理体制、发展混合所有制经济、强化监督防止国有资产流失、加强和改进党对国有企业的领导。

以下从加强党的领导和党风廉政建设、经济结构调整、功能界定与分类改革、完善治理结构并去行政化四个角度介绍国有企业改革的未来趋势。

1. 加强党的领导和党风廉政建设

反腐倡廉政策虽然不是国企改革的重点，但是国有企业高管作为党政系统中的一员，其行为受到反腐倡廉政策的深刻影响。

党的十八大以来，以习近平同志为核心的党中央加强反腐体制机制创新和反腐制度的建设。从 2012 年 12 月 4 日中央政治局会议之后，中央一级政府就出台了数十条反腐倡廉的规定，并出台了关于改进工作作风、密切联系群众的中央八项规定。2015 年 8 月中共中央、国务院颁布《关于深化国有企业改革的指导意见》（以下简称《意见》），《意见》要求切实落实国有企业反腐倡廉"两个责任"，并自觉践行"三严三实"要求，同时严格落实反"四风"的各项政策，在法治思维下，采取法治的方式，完善反腐倡廉机制。为了配合国家做好廉洁风险防范工作，国资委根据中央纪委2011年12月底印发《关于加强廉政风险防控的指导意见》的通知，制定了《关于加强中央企业廉洁风险防控工作的指导意见》（2012）；同时制定了《建立健全惩治和预防腐败体系2013—2017年工作规划》，以及《关于贯彻落实〈建立健全惩治和预防腐败体系2013—2017年工作规划〉实施办法》。

党的十九大之后，中央政治局修订并审议了《中共中央政治局贯彻落实中央八项规定的实施细则》，人大会议通过了《关于在全国各地推开国家监察体制改革试点工作的决定》，这些举措也向全党全社会释放了强烈信号：作风建设永远在路上，必须驰而不息改进作风，把全面从严治党向纵深推进。同时党的十九大要求：党的建设写进公司的章程，明确党对国企的领导；所有公司决议需要先由党委通过，通过后的提交董事会投票，党委具有否决权；在董事会设立专职副书记负责企业党建。国有企业高管是党政系统中的一员，这些举措对于国企高管的行为有重要的影响。

2. 经济结构调整

供给侧结构性改革是指优化供给侧要素，实现对有效、高质量需求的最优配置，通过调整经济结构来提高经济发展的水平。

《中共中央 国务院关于深化国有企业改革的指导意见》（2015）要求提高国有资本配置效率、优化国有经济的布局结构、提升国有企业的自主创新能力，加快国有经济结构布局调整与产业优化升级，在发展经济的同时还要注重国有企业社会责任承担的引领和表率作用。

在这样的背景下，针对国有企业产业分布过广、企业层级过多、资源配置效率和创新能力亟待提高等结构性问题，2016年7月，国务院印发了《关于推动中央企业结构调整与重组的指导意见》（以下简称《结构调整与重组意见》）。《结构调整与重组意见》明确了以下几点要求：①国有企业充分发挥自身功能；②国有企业通过改革使得国有控制资源的配置更加合理；③国有企业通过创新提升自身发展质量。

党的十八大至十九大期间，国企大力化解过剩产能，推动减压工作；政府也在积极推进装备制造、煤炭、电力、通信、化工等领域国有企业的战略性重组工作，减少重复建设、优化整合资源。

党的十九大要求国有企业瞄准"减压"总目标，持续推进"处僵治困"，同时要求国有企业也结合国家重大专项、行业体制改革等，围绕重点领域整合现有优质资源，适时培育孵化新的产业集团公司。

面对供给侧改革、国企结构性调整的政策压力，创新是突破口。国有企业需要提高创新能力和创新质量，在通过新技术、新工艺提高自身竞争力和发展潜力的同时，促进产业格局的调整、提高供给侧质量。

3. 功能界定与分类改革

2015年8月中共中央、国务院颁布《关于深化国有企业改革的指导意见》，文件中按照国企功能进行区分，确定不同性质国企的不同功能，要求对不同功能国企的改革方向和手段要有针对性。

2015年12月7日，国有资产监督管理委员会联合财政部、国家发改委颁布了《关于国有企业功能界定与分类的指导意见》（以下简称《意见》）。《意见》指出，"根据主营业务和核心业务范围，将国有企业界定为商业类和公益类"。其中，商业类国有企业可以按照市场机制运行，完善现代企业制度、加大公司股份制改革力度，而公益类国有企业可以以国有独资形式出现，但是也鼓励非公有制经济参与。在促进发展方面，《意见》指出，商业类国有企业需要提高市场竞争能力，实现资源的优化配置，加大整合力度以及研发投入，提高企业创新能力和国际竞争力，促进转型与优化升级。公益类国有企业要提高公共服务的质量和效率，积极承担社会发展任务、满足社会发展要求。

在监管方面，《意见》还指出，需要对不同类型国有企业分类实施监管，需要对商业类国有企业控制国有资产布局、提高国有资产运作效率、保障国有资本安全，对公益类国有企业需要注重提高公共产品、公共服务的质量与效率，提高信息的透明层度，完善社会监督机制。

在定责考核方面，《意见》指出需要根据功能定位和发展目标以及企业责任使命确定差异化的考核标准；2016年9月国务院国资委、财政部联合印发《关于完善中央企业功能分类考核的实施方案》。

在党的十九大精神中，国有企业功能界定与分类是新形势下深化国有企业改革的重要内容，对于加强国有资产监督管理、优化国有资产产业布局、完善国企法人治理结构等具有重要的推动作用。在国企改革过程中，国家将进一步完善国有企业的分类改革原则，加快国有经济布局优化、结构调整和战略重组，努力培育具有全球竞争力的世界一流企业。

4. 完善治理结构并去行政化

1999 年，党的十五届四中全会通过的《关于国有企业改革和发展若干重大问题的决定》指出，在国有企业改革中要"深化国有企业人事制度改革"，同时"对企业及企业领导人不再确定行政级别"。2000 年 1 月，北京市经委表示将对所辖国有企业进行等级的重新划分，并取消国企的行政级别，对于董事会人员和总经理采用聘用制的方法选任。同年，国家经济贸易委员会也发布通知，要求"政府与企业要由行政隶属关系改为产权关系，取消企业行政级别"。2008—2009 年，在全球爆发金融危机，以及我国大型国有企业整体上市的背景下，国有企业高管的行政身份、公务员身份对于企业上市、海外上市有不利影响，为了完善国有企业的公司治理，帮助企业顺利上市，以及打开海外资本市场，政府密集地提出要求"废除国企行政级别"。2008 年上海、2009 年广州等地，以及国家工业和信息化部陆续发布了类似的文件，要求取消国有企业高管的行政级别。

党的十八大之后，党的十八届三中全会提出了"以管资本为主加强国有资产监管，改革国有资本授权经营体制，组建若干国有资本运营公司，支持有条件的国有企业改组为国有资本投资公司"，以"管资为主"有利于企业现代化公司治理制度的进一步深化，有助于推动国有企业高管的去行政化。《中共中央关于全面深化改革若干重大问题的决定》（2013）强调"经济体制改革的核心问题是处理好政府和市场的关系，要使市场在资源配置中起决定性作用"。《关于深化国有企业改革的指导意见》（2015）要求"完善产权清晰、权责明确、政企分开、管理科学的现代企业制度，完善国有资产监管体制"，并要求国有企业需要根据企业自身类别以及所处级别不同，采取不同的选人用人的方式，包括选任制、委任制以及聘任制。同时，在企业中积极推行职业经理人制度，采取外部引进与内部培养相结合的方式，让专业的人做专业的事情，提高国有企业经营效率。在外部引进时，以市场化的方式选任和管理，实行任期制和契约化管理，明确职位的责权利以及目标考核机制，同时加大市场化聘任的比例，并且完善退出机制。

2017 年 4 月，国务院办公厅转发《国务院国资委以管资本为主推进职能转变方案》（以下简称《方案》），要求推进国有资产监管机构职能转变，强调经营权的"放""让""授",强化国务院国资委的资本管理职能,精简 43 项监管事项,同时将经理层成员选聘、业绩考核、薪酬管理以及职工工资总额审批等企业呼吁多年的事项进行授权,强化国有企业自我管理和社会监督。

二、国有企业高管管理制度改革历程

(一) 国有企业高管激励政策变迁

我国国有企业高管激励制度与国有企业治理模式的变化密切相关。随着国有企业改革进程的推进,国有企业治理模式逐步改变。2003—2012 年和 2013 年至今这两个阶段,国有企业高管激励制度的改革呈现逐步深化、不断递进的过程,政策上也有顺承,因此合并介绍。

1. 行政化治理阶段

该阶段为 1979—1984 年。改革开放前,我国国有企业的治理是行政化的治理,是政府治理下的经济部门,是政府的附属品。

改革开放后,在实行承包责任制之前,国家推动国有企业改革,通过《关于扩大国营工业企业经营管理自主权的若干规定》(1979)、《关于国营企业实行利润留成的规定》(1979)、《关于国营工业企业利润留成试行办法》(1980)、《国营工业企业职工代表大会暂行条例》(1981)、《国营工厂厂长工作暂行条例》(1982)、《国营工业企业暂行条例》(1983) 等政策条例,实行放权让利、责任化经营。

"放权"是指通过实行厂长负责制,保持企业国有产权性质不变,将经营权从政府划分给管理者,实现企业的独立经营,明确企业和企业负责人的权力。"让利"是指改革国营单位的利润分配方式,企业可以留存超额利润。企业通过"让利"实现责、权、利合理分配,经营自主、风险自担。在放权让利的过程中,根据《关于基本建设投资试行贷款办法的报告》(1979)、《基本建设贷款试行条例》(1979)、《关于实行基本建设拨款改贷款的报告》(1981)、《关于对国营企业征收所得税的暂行规定》(1983)、《关于国营企业利改税试行办法》(1983)、《关于国家预算内基本建设投资全部由拨款改为贷款的暂行规定》(1984),国家实施"拨改贷"和"利改税"。

改革开放初期，国家通过放权让利、拨改贷、利改税等举措调动国有企业负责人的经营积极性，既使得管理者拥有一定的剩余控制权和剩余利益索取权，也使得该阶段对于国有企业高管的物质激励有所上升。由于国有企业改革正处于初级阶段，放权让利、拨改贷、利改税等举措并没有解决政企分离的问题，国家、各级政府、各行政部门对于资源、资产的掌控，对于国有企业经营决策、经营利润的控制仍然很强，整个国有经济的运行仍具有很强的行政色彩；由于一些国有企业经营不善，在这些企业中，放权让利、拨改贷、利改税等举措并没有提高国有企业经营管理者的物质回报。所以在该阶段，虽然对于经营管理者的物质激励有所上升，但是其激励措施仍是以政治激励、行政晋升激励为主。

2. 过渡型高管激励制度

该阶段为 1985—1992 年。1985 年开始，国有企业实行承包责任制、租赁经营责任制，进一步明确企业自主经营的地位，尝试在国有企业中将所有权和经营权进行分离，调整国家与企业之间的委托代理关系。在这个阶段，国务院联合相关部门发布多项规定和条例，对国有企业收入分配、高管激励做出了部署。

《国务院关于深化企业改革增强企业活力的若干规定》（1986）要求：在国有企业中全面推行厂长（经理）负责制，且厂长（经理）作为企业法定代表人对企业负全面责任；规定厂长（经理）任期内的责任目标，完成任期内责任目标的厂长（经理）获得的个人收入可以高于职工工资 1~3 倍，有突出贡献者还可以更高。如果完不成责任目标，则需要扣减个人收入。

1988 年 2 月，《全民所有制工业企业承包经营责任制暂行条例》与《国务院关于深化企业改革增强企业活力的若干规定》的要求相似，但其中明确规定企业领导班子的收入要低于企业经营者的收入，且当责任目标不能完成时，扣减经营者收入直至基本工资的一半，企业领导班子的其他成员也要承担相应的经济责任。

1992 年 8 月，国务院经贸办联合劳动部印发的《关于改进完善全民所有制企业经营者收入分配办法的意见》（以下简称《意见》）对国企经营者的收入作出了更详细的规定。《意见》要求国企经营者收入可高于职工的平均收入，但是不能超过一倍；经营结果超过本企业历史水平或达到省内同行业先进水平，经营者的收入可高出本企业职工人均收入 1~2 倍；成绩突出、全面超额完成任务的经营者的收入可高出本企业职工人均收入 2~3 倍。

在这个阶段，国有企业经营者的收入并不是由市场、企业经营的效果决定的，而是政府基于对国有企业的控制通过行政的手段规定的；薪酬制定的标准也不是按照绩效来，而是与企业内部职工的收入挂钩，有最高工资的限制。这一系列的规定赋予了国有企业经营者企业剩余索取权，具有一定的激励效果，但是在任期目标责任制并没有对国家与企业之间的责权利进行科学合理的分配，这导致经营者短视的行为时有发生，且工资有最高限制也弱化了物质激励的效果。

另外，在实行经营责任制过程中，跟上阶段的"放权让利"政策相比较，虽然该政策让国有企业经营者获得了更大的经营自主权，但是在实际经营过程中，国有企业的各项活动仍受到政府的管制，国有企业高管的任命和晋升仍在政府行政体制的管辖内，具有较浓厚的行政色彩。因此阶段薪酬激励制度处于过渡阶段，在物质激励效果有限的情况下，政治激励、行政晋升激励对于国有企业经营者而言仍具有很大作用。

3. 高管激励制度初步建立

该阶段主要为 1993—2002 年。1993 年《关于建立社会主义市场经济体制的决定》的颁布与实行标志着国有企业改革新阶段的到来，这一阶段的主要任务是建立现代化企业制度，实行经营权和所有权分离，其改革重点主要包括产权改革和企业制度改革。随着改革的深入，国有企业治理的模式由计划经济体制下的行政管理模式逐步转变为市场经济体制下的现代化企业治理模式。

根据国有企业实行现代化企业制度的改革要求，1992 年 6 月，全国范围内有 28 个省、区、市出台了年薪制试点方案，共计 7 400 家国有企业试行了年薪制。国有企业经营者年薪由基础薪酬和风险收入两方面构成。基础薪酬是由企业的规模、企业经营的绩效、企业内部员工的平均工资等因素综合决定的，一般占总体年薪的三成；而风险收入则是根据企业各类考核指标的完成程度而定，占总体年薪的七成左右。在实行年薪制的同时，劳动部陆续发布相关通知、办法，对薪酬进行限制，1994 年 12 月的《关于加强国有企业经营者工资收入和企业工资总额管理的通知》、1994 年 12 月的《关于各类企业全面实行〈工资总额使用手册〉制度的通知》、1997 年 1 月的《试点地区工资指导线制度试行办法》等都从不同角度对国有企业经营者的工资进行限制，规定国有企业经营者的年薪不超过企业内部职工平均工资的 12 倍。

除了薪酬激励之外，从 1997 年开始，北京、上海、武汉、深圳等地的上市公司开始试行股票期权激励制度。1999 年 8 月的《中共中央 国务院关于加强技术创新，发展高科技，实现产业化的决定》、1999 年 9 月的《中共中央关于国有企业改革和发展若干重大问题的决定》、2000 年 11 月的《进一步深化企业内部分配制度改革的指导意见》等法规条令明确指出国有企业可以采取股份期权激励的措施对经营者进行薪酬激励的补充。股权激励的方式多种多样，包括管理层收购、业绩股票、虚拟股票期权、经营者（员工）持股、限制性股票、股票期权（期股）、虚拟股票、延期支付、复合模式等。以上法规条令中还规定国有企业经营者持股数一般为企业员工平均持股的 5~15 倍，股权激励效果存在限制。

这一阶段，伴随着改革开放的推进，国有企业初步建立现代化公司治理制度，其在货币性激励方面年薪制、股票期权激励等方式都有了初步的部署，初步建立起高管激励制度。国有企业经营者的选任也由单纯的政府行政任命转变为行政任命和市场化聘任相结合的方式。但是国有企业的各项活动仍受到政府的管制，其经营和管理仍具有较浓厚的行政色彩，加之在薪酬激励、股权激励受限的情况下，政治激励、行政晋升激励对于国有企业经营者而言仍具有很大作用。

4. 高管激励制度进一步完善

2003 年 3 月国有资产监督管理委员（简称国资委）成立，各省和地、市两级地方政府也相继成立地方国资委，之后国资委联合财政部、劳动部等部门对国有企业经营者的激励制度做出了进一步规范。

表 3.11　高管激励制度进一步完善阶段的主要政策法规

类型	具体政策法规
薪酬 管理	《中央企业负责人薪酬管理暂行办法》（2004）
	《中央企业负责人薪酬管理暂行办法实施细则》（2004）
	《关于规范中央企业负责人职务消费的指导》（2006）
	《国有控股上市公司（境内）实施股权激励试行办法》（2006）
	《关于进一步规范中央企业负责人薪酬管理的指导意见》（2009）
	《中央管理企业负责人薪酬制度改革方案》（2014）
	《关于合理确定并严格规范中央企业负责人履职待遇、业务支出的意见》 （2014）
	《董事会试点中央企业高级管理人员薪酬管理指导意见》（2021）
	《关于印发〈中央企业负责人履职待遇、业务支出管理办法〉的通知》 （2021）
考核 办法	《关于做好 2003 年中央企业工资总额同经济效益挂钩工作的通知》（2003）
	《中央企业负责人经营业绩考核暂行办法》（2003）
	《中央企业综合绩效评价管理暂行办法》（2006）
	《中央企业综合绩效评价实施细则》（2006）
	《中央企业负责人经营业绩考核暂行办法》（2006）
	《中央企业负责人任期经营业绩考核补充规定》（2007）
	《中央企业负责人年度经营业绩考核补充规定》（2008）
	《中央企业负责人经营业绩考核暂行办法》（2009）
	《中央企业负责人经营业绩考核暂行办法》（2013）
	《中央企业安全生产考核实施细则》（2014）
	《中央企业负责人经营业绩考核办法》（2016）
	《中央企业安全生产考核实施细则》（2021）
股权 激励	《关于高新技术中央企业开展股权激励试点工作的通知》（2004）
	《国有控股上市公司（境外）实施股权激励试行办法》（2006）
	《关于规范国有控股上市公司实施股权激励制度有关问题的通知》（2008）
	《关于在部分中央企业开展分红权激励试点工作的通知》（2010）
	《关于印发〈国有科技型企业股权和分红激励暂行办法〉的通知》（2016）
	《关于印发〈中央企业控股上市公司实施股权激励工作指引〉的通知》 （2020）
	《关于印发〈中央科技型企业实施分红激励工作指引〉的通知》（2021）

表3.11(续)

类型	具体政策法规
去行政化	《黄淑和在全国国资委系统指导监督工作座谈会上的讲话》(2011)
	《周渝波在全国国资委系统指导监督工作座谈会上的总结讲话》(2013)
	《中共中央关于全面深化改革若干重大问题的决定》(2013)
	《中央管理企业负责人薪酬制度改革方案》(2014)
	《关于合理确定并严格规范中央企业负责人履职待遇、业务支出的意见》(2014)
	《中共中央、国务院关于深化国有企业改革的指导意见》(2015)
	《国务院关于改革和完善国有资产管理体制的若干意见》(2015)
	《关于印发〈国务院国资委关于以管资本为主加快国有资产监管职能转变的实施意见〉的通知》(2019)

资料来源：笔者研究整理。

2004年至今，中央层面出台的国有企业经营者、管理人员的激励制度的重点文件汇总主要涉及三个方面：薪酬管理、考核办法和股权激励安排，在这个阶段国有企业高管去行政化也是国有企业激励机制改革的重要方面。中央国资委发布的文件多是针对中央企业管理的纲领性文件，地方国资委是在纲领性文件下，结合地区实际情况制定针对地方国有企业管理的具体执行办法，故本书在此主要总结中央层面的相关政策文件。

在薪酬管理方面，相关文件对规范薪酬管理的基本原则、国有企业高管薪酬的结构和水平、薪酬支付的方式、职务消费、补充保险、监督管理，以及实施方案等方面作出了部署。2009年有关部委下发《金融类国有及国有控股企业负责人薪酬管理办法（征求意见稿）》(2009)、《关于进一步规范中央企业负责人薪酬管理的指导意见》(2009)，办法和意见详细规定了高管的基本工资、绩效工资的比例，绩效工资的最高限、增长幅度等，即所谓的"限薪令"。虽然不同时期具体文件对同一项目要求的具体标准不同，但是文件内容和政策目标相对一致。

在考核办法方面，2003年至今陆续都有文件出台，这部分文件对国有企业经营者的考核目标、考核方式等做了详细的规定以及适度的修改。2003年11月的《中央企业负责人经营业绩考核暂行办法》明确了经营业绩考核对象，基薪、绩效年薪和任期内长期激励的激励方式，年度经营业绩和任期经营业绩考核相结合的方式。2006年12月、2009年12月、2012年12月、2016年12月国资委对《中央企业负责人经营业绩考核暂行办法》进行了四次修订，补充并完善了部分内容。

国资委相继出台了《中央企业综合绩效评价管理暂行办法》（2006）、《中央企业综合绩效评价实施细则》（2006）、《中央企业负责人任期经营业绩考核补充规定》（2007），以及《中央企业负责人年度经营业绩考核补充规定》（2008）。2009 年的修订，提出"经济增加值"的概念，将利润总额和经济增加值作为国有企业负责人考核的基本指标，并规定了经济增加值考核的细则。后续国资委、相关部委对国有企业经营业绩考核做出了目标方向一致且更为细化的修订。

现执行的中央企业综合绩效评价指标主要基于如表 3.12 所示的指标、权重。该表出自《中央企业负责人经营业绩考核办法》（2006），而非中央企业的国有企业绩效评价各地方参照《中央企业综合绩效评价管理暂行办法》并结合各地方具体情况制定具体考核办法。对国有企业高管的考核，在绩效评价的基础上通过"任期经营业绩考核综合得分 =（国有资本保值增值率指标得分+总资产周转率指标得分+分类指标得分）×业绩考核系数+任期内三年的年度经营业绩考核结果指标得分−考核扣分"[1] 得到国有企业高管考核综合计分。

表 3.12　企业综合绩效评价指标及权重表

评价内容与权数		财务绩效（70%）				管理绩效（30%）	
		基本指标	权数	修正指标	权数	评议指标	权数
盈利能力状况	334	净资产收益率	20	销售利润率	10	战略管理	18
		总资产报酬率	14	盈余现金保障倍数	9	发展创新	15
				成本费用利润率	8	经营决策	16
				资本收益率	7	风险控制	13
资产质量状况	22	总资产周转率	10	不良资产比率	9	基础管理	14
		应收账款周转率	12	流动资产周转率	7	人力资源	8
				资产现金回收率	6	行业影响	8

---

[1]　该计算公式各年修订版本略有不同，本公式出自 2012 年版《中央企业负责人经营业绩考核暂行办法》。

表3. 12（续）

评价内容与权数		财务绩效（70%）				管理绩效（30%）	
		基本指标	权数	修正指标	权数	评议指标	权数
债务风险状况	22	资产负债率	12	速动比率	6	社会贡献	8
		已获利息倍数	10	现金流动负债比率	6		
				带息负债比率	5		
				或有负债比率	5		
经营增长状况	22	销售(营业)增长率	12	销售利润增长率	10		
		资本保值增值率	10	总资产增长率	7		
				技术投入比率	5		

资料来源：笔者研究整理。

国有企业高管竞聘更高的职位时，除了需要满足岗位需求之外，还需要具备以下条件：①有良好的职业素养。遵纪守法，诚信廉洁，实事求是，思想解放，作风严谨，勤奋敬业。②具有10年以上大中型企业营销工作经历，3年以上大中型企业营销公司（部门）负责人经历；具有大中型企业副职及以上职位任职经历，或大中型企业中层正职三年以上任职经历。有大中型相关企业管理经历者优先考虑。③具有大学本科及以上文化程度，年龄一般在55周岁以下（1959年11月以后出生）。④具有良好的心理素质，身体健康。⑤有下列情形之一者不得报名：A. 受司法机关立案侦查或纪检（监察）部门立案审查的，受到组织处理或者党纪政纪处分影响使用的；B. 近三年年度考核有基本称职以下等次的；C. 配偶已移居国（境）外，或者没有配偶，子女均已移居国（境）外的；D.《公司法》规定不得担任企业高级管理人员的；E. 国家其他法律法规规定不得担任企业高级管理人员的。可见国有企业高管通过竞聘的方式获得晋升时，仅需要满足最基本的条件，并没有更高的、明确的标准和指标。

在股权激励方面，相关文件包括《关于高新技术中央企业开展股权激励试点工作的通知》（2004）、《国有控股上市公司（境外）实施股权激励试行办法》（2006）、《关于规范国有控股上市公司实施股权激励制度有关问题的通知》（2008）、《关于在部分中央企业开展分红权激励试点工作的通知》（2010）、《关于印发国有科技型企业股权和分红激励暂行办法的通知》（2016）、《关于印发〈中央企业控股上市公司实施股权激励工作指引〉的通知》（2020）、《关于印发〈中央科技型企业实施分红激励工作指引〉的通知》（2021）等，这些文件对于股权激励的实施条件、实施对象、实施价格、审核程度做了比较明确的规定。实施条件要求："实施股权激励的公司，股东会、董事会、经理层组织健全；外部董事包含独立董事要占董事会成员半数以上；薪酬委员会由外部董事构成。在公司治理上，必须有良好的内控制度和健全的业绩考核体系；还要求发展战略明确，经营稳健，近三年企业无违法违规行为和不良记录。"根据这一规定，目前绝大多数国有控股上市公司将无法启动股权激励机制。另外，国家对于实行股票期权激励的上限有规定，规定高管根据股权激励机制所得收益不得超过薪酬的30%。同时，国家还规定授予管理层的股票价格不得低于市场价，经营者必须承担股票价格下跌的风险；在激励对象方面，公司的监事会成员和原来的独立董事都不享有股权激励机制所带来的利益；在审批程序方面，地方控股的国企实施股权激励必须得到国资委的批准，审批程序复杂，耗时相对较长。

在国有企业高管去行政化方面，从提出到在相关文件逐步明确，经历了一个较长的过程。改革开放以来，随着国有企业中现代化治理模式的建立，行政干预一直是国企改革中的热点问题。2011年6月，时任国资委副主任的黄淑和在全国国资委系统指导监督工作座谈会上指出"要立足于国有资产监管体制改革的正确方向，坚持政企分开、政资分开、所有权与经营权相分离，确保国资委直属特设机构定位，切实扭转部分地市级国资委回归行政化的趋势"。2013年1月，周渝波代时任国资委副主任黄淑和在全国国资委系统指导监督工作座谈会上的总结讲话中指出，国资委是政府行政部门与国有企业之间的"隔离墙"，有利于促进国有企业的独立经营，保障政企分离、政资分开。2013年11月党的十八届三中全会通过的《中共中央关于全面深化改革若干重大问题的决定》明确指出"推动公办事业单位与主管部门理顺关系和去行政化""推进有条件的事业单位转为企业或社会组织"，对国有资本"实行以政企分开、政资分开、特许经营、政府监管为主要内容的改革"。2015年11月《国务院关于改革和完善国有资产管理体制的若干意见》要求改进国有资产监管方式和手段，要求"多运用法治化、市场化的监管方式，切实减少出资人审批核准事项，改变行政化管理方式"。2019年，《国务院国资委关于以管资本为主加快国有资产监管职能转变的实施意见》要求国有企业坚持政企分开、政资分开，进一步厘清职责边界。国企改革在国有企业、国有企业高管"去行政化"方面迈出重要一步。

这一阶段,我国国有企业高管激励机制逐步完善,逐步完成现代化企业治理制度构建,薪酬激励、股权激励模式也逐步成熟。但是,我国企业高管薪酬在限薪令、期权激励限制的条件下,我国国企高管的薪酬激励、股权激励受限,激励无法与市场化的激励相对接。虽然在国企改革中,我国也在逐步推行"去行政化"和市场化监管,但是国有企业掌控国家经济命脉、关系国家安全的重要地位并没有改变,国有企业高管的政治身份仍比较突出,政治激励、行政晋升激励对于国有企业经营者而言仍发挥较重要的作用。

(二)国有企业高管任命方式改革与高管身份转变

国有企业高管任命方式改革与高管身份转变在上述国有企业高管激励政策变迁中都已经涉及,本书在此做一个总结,突出任命方式改革与身份的转变。

1979年以前,我国处于计划经济时期,国营单位通过行政化的手段进行治理,是政府的附属品。在该阶段,国有企业高管的任命方式主要是行政任命,国企高管实质上是国家干部。

改革开放之后,国家对国有企业进行了放权让利、责任化经营的改革。1979—1984年,企业的自主经营权逐步落实,国有企业高管也从国家管理国营单位的干部转变为国营单位的厂长、经理,然而在这个阶段,国营单位经营者本质上仍是国家行政人员,仍然是由国家任命的。

1985年开始,国有企业实行承包责任制、租赁经营责任制,进一步明确企业自主经营的地位,尝试在国有企业中将所有权和经营权进行分离,调整国家与企业之间的委托代理关系。在这期间,通过经营权的变更,国有企业的管理者由行政化的管理者向逐步转变为经理人。在1985—1992年,国有企业改革仍处于初级阶段,资源仍受政府的控制,各项活动也仍受到政府的管制,国有企业高管的任命和晋升仍在政府行政体制的管辖内,具有较浓厚的行政色彩。

1993—2002年,国有企业改革重点涉及产权,主要包括产权改革和企业制度的改革,这一阶段的主要任务是建立现代化企业制度,实现经营权和所有权分离。国有企业治理的模式由计划经济体制下的行政管理模式逐步转变为市场经济体制下的现代化企业治理的模式,国有企业高管也逐步向遵循市场规律的职业经理人转变。在这一阶段，国有企业管理者的任命是两种方式的结合：行政手段任命和市场化聘任。但是国有企业的各项活动仍受到政府的管制，经营和管理仍具有较浓厚的行政色彩。

2003 年之后，国资委建立，国有企业现代化企业制约逐步完善，尤其是 2012 年党的十八大之后，"国企改革顶层设计"，即国企改革顶层设计 1+N 方案之后，国有企业深化改革进入了一个新的阶段。国有企业高管选任市场化运作程度逐步提高，职业经理人身份更加明显。2013 年上半年完成初稿、2015 年 8 月最终稿发布的"国企改革顶层设计"，以及 2015 年 8 月中共中央、国务院颁布《关于深化国有企业改革的指导意见》都明确要求，在这一阶段的国有企业改革，需要"完善产权清晰、权责明确、政企分开、管理科学的现代企业制度，完善国有资产监管体制"。2019 年，《国务院关于印发改革国有资本授权经营体制方案的通知》发布，提出国资委对企业经营权的"放""让""授"，进一步保障了企业的自主经营。在这一阶段，国有企业管理者的任命仍然是行政手段任命和市场化聘任相结合的形式，国有企业高管逐步向遵循市场规律的职业经理人转变。然而这一过程中，国有企业高管"去行政化"是改革的重点之一，目前正在逐步落实。

三、国有企业的委托代理关系

历经了多次改革，国有企业从单纯的行政管理转变为现在的现代化企业制度治理，然而，由于国有企业身份的特殊性，虽然已建立和初步完善现代化企业制度，但是其委托代理问题多重而复杂。2002 年冯根福等人认为在中国的企业实践中，多数上市公司的股权相对集中，经常存在"一股独大"的现象，尤其是在国有企业，这与西方国家企业股权分散的现实大不相同。我国的国有资产中的委托代理关系比较复杂，委托人与代理人之间并不是平等的委托与被委托的关系，而是行政意义上的上下级关系。因此分析我国国有企业特殊的委托代理关系是委托代理理论情境化重要的研究内容之一。

总体而言，我国国有企业资产应该归属于全体人民，由全国人民代表大会代为行使权力。具体到企业的归属管理，有部分国有企业归属于各部委，如财政部、商务部等；还有部分国有企业归属于中央国资委；另有部分企业属于地方政府，由地方国资委管理。地方国资委在接受中央国资委的考核和管理的同时，其运营也受到地方政府的干预，如图 3.9 所示。

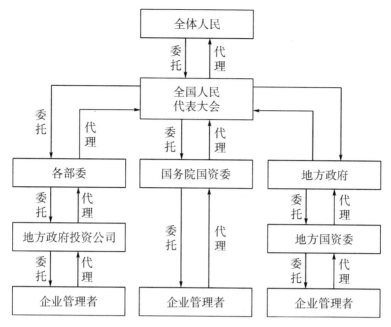

图 3.9   国有企业委托代理模型

(资料来源：笔者研究设计。)

总体来看，我国国有企业的委托代理关系有三个突出的特点。第一，委托层级较多。国有企业资产所有权归全国人民，由全国人民代表大会代为管理，这是初始委托，全国人民代表大会又委托给国务院下属国有资产监督管理委员会代为管理，最后到企业中，企业的经营者是最终的代理人。第二，角色存在重叠。在国有资产的层层代理关系下，除了初始委托人和最终代理人之外，每一个节点的角色都具有双重身份，即委托人兼具代理人。第三，国有企业委托链条中的角色富有行政色彩。每个层级的委托人与代理人之间并不是平等的委托与代理的关系，而是一种上下级的行政关系，他们之间并不是传统意义上通过签订契约形成的，而是通过行政命令、行政指令规范的，代理人的行为受到委托人行政指令的干预，存在被强迫执行行政计划目标的现象。

多层级、行政化的委托代理关系存在一系列问题。从多层级委托代理关系的现实来分析，国有资产的委托代理层次过多，如此长的委托代理链条势必会造成更高的谈判成本、监督成本、履约成本、寻找成本等，委托代理成本高昂。另外，从委托人角度来分析，对于不同层级的委托人和代理人而言，全体人民、全国人民代表大会、国务院这一层级的委托人都无法直接与企业进行对话，行使剩余索取权。各部门、国资委、各级地方政府是职能委托人，履行委托职能。然而，职能委托人只是一种形态，他们几乎不担负代理责任和风险。所以从委托人来看，职能委托人自己并没有承担代理风险，却具有实际委托人的一切权力，代为行使委托权力。这种做法当自身利益与企业利益存在不一致时，会产生严重的代理问题。职能委托人承担的是无风险委托责任，容易导致职能委托人的不负责任，在缺乏监督和导向的情况下，职能委托人容易产生寻租的现象；同时，对于职能委托人而言，其面对的是多个下级代理单位（如一个省政府、省国资委管辖数十家国有企业），会导致管理效率的低下，因此所有者缺位现象严重。最后，从最终代理人——企业管理者的角度来看，管理者是典型的"经济人"，其目标是实现自身效用最大化。在企业中，由于信息的不完全对称、外部市场环境的不确定，委托人没有足够的信息对代理人的行为进行判断，因此产生了代理问题。代理人会利用自身的职权从事利己而不利于企业的行为，即道德风险，在上层委托人并不是资产所有者的国有企业中，由于监督不力，代理人的"道德风险"行为普遍存在。

除上述从委托人、代理人角度分别分析的委托代理问题之外，在国有企业中，还有一类十分严重的委托代理问题，即职能委托人与最终代理人合谋，共同损害初始委托人的利益。对于初始委托人而言，职能委托人与最终代理人一样，其实都是代理人，由于职能委托人不承担经营风险、经营收益多寡与职能委托人也无直接联系，因此职能委托人可能会利用自己的职权与最终代理人合谋，损害初始委托人的利益。

降低委托代理成本，提高委托代理效率，需要加强对各级代理人行为的监督和约束，调动各级代理人的积极性和自律性，努力完善国有企业高管"想干事、能干事、干成事、不出事"的公司法人治理有效机制。

第四节 理论分析部分小结

在第一章绪论提出本书研究问题与内容的基础上，第二章理论文献综述和第三章制度背景分析分别就研究问题涉及的理论依据和现实背景进行分析，本节主要结合研究问题与内容、理论背景和现实背景，构建本书的总体研究框架，并对总体研究框架进行细化和拓展，形成相应的概念模型，为下文的具体研究奠定基础。

一、总体研究框架

在提出研究问题与内容，以及分析理论背景和现实背景的基础上，本书构建的总体研究框架如图 3.10 所示。

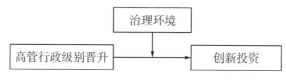

图 3.10 总体研究架构

（资料来源：笔者研究整理。）

从图 3.10 中可以看出，本书研究的是国有企业高管行政级别晋升激励对国有企业创新投资影响，并进一步分析外部治理环境对两者关系的影响。在理论综述时我们发现，晋升激励对国有企业高管有显著的激励作用，能够影响其决策，包括创新投资决策；晋升激励是激励国有企业高管的治理机制，治理机制作用的发挥依赖于外部治理环境。因此，本书从国有企业晋升激励的视角，分析了国有企业创新投资的问题，并进一步分析了外部治理环境的影响。

二、解构后的概念模型

总体研究框架概括地表明了本书的研究逻辑，也概括地勾画了主要概念与之间关系。在概念界定和文献综述的基础之上，本书对概念模型进行解构和细化，拓展本书的研究内容，具体的概念模型如图 3.11 所示。

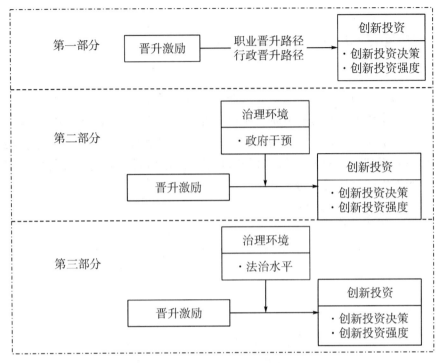

图 3.11 解构后的概念模型

（资料来源：笔者研究整理。）

如解构后的概念模型所示，本书实证检验部分的核心内容包括三个方面。第四章主要探讨国有企业高管晋升激励对创新投资的影响。本书基于经济人的人性假设，分析国有企业高管"政治人""经理人"双重身份特征，得出晋升激励对于国有企业高管有显著影响的结论；进一步分析国有企业高管晋升的两条路径，分别是职业晋升路径、行政晋升路径；并基于以上路径分析国有企业高管晋升激励对创新投资的影响，创新投资包括两个方面：创新投资决策和创新投资强度。第五章和第六章主要基于外部治理环境的不同角度，分析外部环境对晋升激励与创新投资之间关系的影响。第五章主要分析政府干预程度的影响，政府掌握大量资源，在国有企业委托代理层级中其既是职务委托人之一，也是行政管理部门，政府对于国有企业的干预程度会影响国有企业高管的行为模式。第六章主要分析法治水平的影响，法治水平的提高约束着政府部门、政府官员、国有企业高管等的行为，会影响晋升激励机制的有效性。

第二部分

实证检验

第四章　晋升激励与创新投资的实证研究

晋升激励作为国有企业高管隐性激励形式的一种，能够显著影响高管决策，那么对于企业重要决策之一的创新投资决策，晋升激励又有何影响呢？这将是本章主要研究的问题。针对这个问题，本章首先分析国有企业高管身份特征与激励机制，同时结合现有文献和现实情境分析国有企业高管晋升激励的可能路径，并从不同的路径出发，基于委托代理理论进行分析，提出本书的假设，并设计实证检验方法，验证研究假设。

第一节　理论分析与假设的提出

分析国有企业高管的行为模式，首先需要了解国有企业高管的"人性"身份属性，并分析其行为动机，进而分析该动机下高管的行为决策方式。因此探讨国有企业高管晋升激励对创新投资的影响，需要从最基础的人性假设开始。

一、国有企业高管身份与激励机制

该部分内容包括国有企业高管"人性"假设、国有企业高管的多重身份特征，以及国有企业高管晋升激励的有效性等。

（一）国有企业高管"人性"假设

对于"人性"的假设是经济学、管理学等学科对人的行为分析的逻辑起点。"人性"即指人的本质属性，包含自然属性和社会属性。自然属性源于人这种动物的本能，社会属性源于人处于社会中，受到社会的影响。而人性决定了人的行为动机和行为模式。经济学中对于人性的假设主要基于"经济人"假设，而管理学中对于人性的假设比较复杂，可以概括为"经济人"假设、"社会人"假设、"自我实现人"假设、"复杂人"假设。

亚当·斯密在《国富论》《道德情操论》中认为人是拥有"利己心"的"经济人"，在自我利益最大化动机的驱使下进行分工、交换、自由竞争。亚当·斯密的"经济人"并不是损人利己的，而是会存在"利他以利己"①的现象。在新古典经济学中，马歇尔（1890）在《经济学原理》中指出，经济人拥有完全信息，在利己之心的驱使下，可以实现最大化的效用，也因此能够达到帕累托最优。然而，公共选择经济学派认为"经济人"只有"利己之心"，并没有"仁爱之德"和"正义之道"。新制度经济学认为在环境不确定、交易频繁、有限理性、资产专用的条件下，"经济人"是"损人利己"的自私的人，且存在机会主义倾向（方福前，2000）。赫博特·西蒙认为，人的理性是有限的，只能在"有限理性"下寻求"满意解"。

管理学对于人性假设的分歧较大，首先是"经济人"假设，X假设和马斯洛需要层次中的"生理需要""安全需要"都满足"经济人"假设。其次是"社会人"假设，马斯洛需要层次中的"社交需要""尊重需要"满足社会人假设。该假设认为人是复杂的，并不单纯追求金钱等物质利益，也有社交、受尊重等精神需要。另外"自我实现人"假设认为，人需实现自我潜能，具有自我激励效应，马斯洛的"自我实现需求"和麦格雷戈的Y理论就属于这种模式。最后是"复杂人"假设，其认为人是复杂的、多变的，会根据不同的环境产生不同的动机，并且做出不同的决策，在这种模式下，对人的激励方式就不是固定的，而需要根据不同情形进行调整。还有一些新发展的假设，如"文化人"认为人的行为受到组织文化的影响，受到组织价值观的支配；"学习人"认为人为了适应环境和组织，需要不断地向环境和组织学习，提高自身能力（杨觉英，2000）。

经济学和管理学对人性假设存在较大分歧，经济学假设"人"在经济活动中占主体地位，是独立的，但是管理学中研究的人是管理者管理的对

---

① 亚当·斯密在《道德情操论》一书中写道："这些人的成功几乎经常要决定于他们邻人和同行们对他们的爱戴和好评。因此，如果他们没有相当认真的行为，是不可能获得结果的。"

象，故管理学中的人是被动的、依附性很强的人，管理学对于人性的假设是为了达到激励员工、促使组织目标实现的目的，管理学对于人的各种需求、各种动机要充分了解，并基于不同的环境去分析。

但是本书认为，对于人性的诸多假设仍有一丝相似的逻辑可循。在经济学中，后期学者对"经济人"是批判还是修正，都仍是围绕"经济人"假设的框架，探讨经济人是不是"自私"的，是否具有"完全理性"，是否有能力达到"最大化原则"。后期学者认为个人利益是行为的动机，而最大化的财富不但有经济的，也有非经济的，如时间、声誉等。管理学中，虽然存在"经济人""社会人""自我实现人""复杂人""文化人""学习人"等多种人性假设，但是"自私"的属性多少都是存在于人性中的。管理学中的"经济人"以自私著称，因此其行为逻辑以物质利益需求为先；"社会人"以人与人之间的友谊、归属感、安全感或受人尊重为需求落脚点，则其行为起点是精神利益需求；"自我实现人"以自我完善为目标，通过自我控制和自我指导、主动性完成任务，获得"实现"的满足感，其行为起点亦是以精神需求为重点，只是精神需求的层次不同而已；"复杂人"的假设认为需求是不断变化的，并不是固定和统一的，其逻辑起点也是人个体变动的需求、个体变动的利益；"文化人""学习人"的假设也是在这个框架里。

本书认为，管理学和经济学对于人性的假设虽然看似不一致，但是其本质是趋同的，都以"自私"为前提，只是所"私"之"物"，"利己"的方式不尽相同而已。人可以完全"自私"，损人利己；也可以"利他以利己"，以获得物质、精神享受；并且随着内部外部环境、时间等情景因素变化其所"私"之"物"，"利己"的方式会发生变化。本书对于国有企业高管的"人性假设"集管理学和经济学两者的重点，认为人是"自私的"，可以"损人利己"，也可以"利他以利己"，以获得物质、精神享受；并且随着内部外部环境、时间等情景因素变化其所"私"之"物"，"利己"的方式会发生变化，人的本性是"经济人"。

（二）国有企业高管多重身份特征

明茨伯格（Mintzberg）在《管理工作的性质》（*The Nature of Managerial Work*）（1973）一书中将管理者的身份划分为首脑、领导者、企业家等十种角色。在社会主义市场经济体制下，国有企业高管的身份更为复杂，一方面是企业的管理者，拥有如明茨伯格所述的多种角色，另一方面还管理、支配国有资产、国有资本，带有政治属性。

探讨国有企业高管的不同身份、分析其行为模式不能脱离其所处的历史文化。我国自周朝以来就形成了分封和采邑制度，按照社会地位与身份将人分为三六九等的官本位文化，秦朝的中央集权制将这种文化进一步加强。在封建社会中，国有资产管理者都是"朝廷命官"，如早期的盐铁经营都是由政府授权的，管理盐铁商贸的都是在政府中任职的官员。后期如清末中国第一家公司的轮船招商局也是由清政府推行建立的；民国政府也出资建立了多个工业基地。中华人民共和国成立后，为了能够集中力量办大事，政府出资成立国有企业，进行社会生产，发展经济。这些国有资本的投入、国有资产的运作都需要有人主导、有人监督，国有企业管理者作为政府委派的代理人进入国有企业负责其资本运作和经营管理。初期，政府一般选拔官员作为国有企业的管理者，这样一方面可以有效地理解和贯彻政府的政策；另一方面，从政多年的官员具备政府的信任，政府相信其能够站在政府的立场上监督国有企业的运营。同时，官员在企业中任职能够帮助政府更好地了解经济发展的形势，帮助政府更好地制定相关发展政策。随着改革开放的深入，国有企业经过了几轮改革，但是直到现在，政府在国有企业中仍然占有主导地位，仍然有较大的人事任免权；且虽然名义上国有企业高管的行政级别称谓取消，但是实际上国有企业高管仍然享受着同等行政级别的待遇，如医疗、住房、养老等。

政府对国有企业高管的任命权赋予了高管政治人的身份。因此从身份特征上对国有企业高管进行定义时，本书认为其一方面是"经理人"，即高管，另一方面是"政治人"，即官员。一个企业的经理人应该以企业价值最大化为行为目标，国有企业应该以国有资产的保值增值、国有企业的长久稳定发展为目标；一个政府的官员应该以国家政策为指导方针，政府目标为行为准则，最大化国家的利益。

然而，国有企业高管身兼"经理人""政治人"双重角色，从根本上，其不同角色目标之间的冲突并不突出。国有资产的最大化、国家利益的最大化并不存在本质矛盾。但是，国有企业政府管理是分层管理，"国家利益的最大化"的目标有可能就转为上级主管部门的目标。地方政府之间的竞争、上级主管官员的私利等原因都会导致上级主管部门目标的偏移，最终导致经济目标与政治目标不一致。

而国有企业高管本身，作为一个"人"，根据上文关于人性的假设，其本质上是"经济人"，是自私的，是以自我利益为中心的"经济人"。国有企业高管的"经理人""政治人"双重身份也建立在"经济人"的假设之上，而"自私"这一行为动机会影响作为"经理人""政治人"的国有企业高管的行为。不过国有企业高管所追求的"私利"有物质上的，也有精神上的，获得"私利"的手段有"损人利己""利己不损人""利人以利己"等不同方式，且随着所处文化、所处时间、所处情境不同，其利益的表现、获取利益的手段会有所不同。

"经济人"假设下的"经理人"行为。如前文所述，国有企业是国有资产在多层级、行政化的委托代理关系下的产物，国有企业高管作为资产的代理者，占有绝对的信息优势。当高管是"自私"的时候，其更注重自身利益（经济利益、非经济利益），其行为可能会偏离企业价值最大化的目标。另外，国有企业高管作为"政治人"应当以国家、各级主管政府的利益为行为动机，但是其"自私"的本质特征，可能会使其行为偏移角色应有的动机。作为"政治人"，自我政治身份的提升、自我价值的提升、私利的获取可能会成为其行为的动机。

（三）国有企业高管晋升激励有效性

马克思主义认为，道德是一种社会意识形态，它是人们共同生活及其行为的准则和规范。该观念和标准与特定的环境、文化密切联系，不同的文化中，道德元素及其优先性、标准也有差异。根据 Railton（1986）的道德现实主义，我们的行为受到我们自身的利益和愿望的影响，但是我们自身的利益和愿望是社会化的产物。Railton（1986）认为个人的利益不是凭空产生的，是对社会和环境的反馈，受到一定时段、一定范围社会环境的影响。

在国有企业委托代理关系中，国有企业高管作为代理人，其权利、义务在公司法、公司章程、代理合同等显性的契约中已经明确写明，如国有企业高管的业务目标、福利待遇等。对于国有企业高管的激励手段而言，在多种激励手段中，已有研究表明对于我国国有企业高级管理人员而言，其年薪收入与企业经营绩效联系不紧密（姜付秀 等，2011）。数据显示，国有企业高管的相对薪酬比非国有企业高管的相对薪酬要低，而且，2009

年9月16日国家发布了"限薪令",削弱了国有企业高管薪酬激励的作用。另外,股权激励的实施条件、实施范围、激励强度等因素都导致其激励效果不明显。当一种激励方式效果不佳或是激励受到抑制时,人们就会更强烈地需要另一种激励方式（Mobbs et al., 2008）。在限薪政策和股权激励效果不明显的条件下,政治身份的提升是影响其行为的重要方式（刘青松 等,2015）,是股权激励和薪酬激励的有效补充机制（王曾 等,2014）。这样的情况下,国有企业高管更有动力追求政治身份的提升,即晋升激励。晋升激励是国有企业高管的外部晋升机制,是我国现行经济体制下国有企业重要的激励机制之一。

故本书认为,在国有企业高管"经济人"属性的驱动下,在显性激励、其他隐性激励手段效果有限的条件下,晋升激励对国有企业高管具有较大的吸引力,能够影响其行为决策,现有的研究也证明了这一点。

另外,本书对于国有企业高管享受稳定的工作环境这一需求缺乏探讨。有一类人认为国有企业的工作相对稳定,非国有企业中的工作竞争性较高,优胜劣汰,随时可能被辞退,在国有企业这种担心就相对较少。但是,本书认为这类的人中能够最终成为国有企业高管,达到国有企业董事长、总经理、党委书记这一级别的应该占少数,所以本书认为国有企业高管的政治需求可能高于其"安逸生活"需求。当然本书的假设可能有些片面,这有待后续深入的探讨。

二、国有企业创新活动风险特征分析

国有企业的创新活动与其他类型企业的创新活动同样存在较大风险,其风险性具体体现在以下几个方面。

首先,创新活动是在一个系统的基础上的创造性工作,其目的在于丰富有关人类、文化和社会的知识库,并利用这一知识进行新的发明。因此,创新活动要基于大量的技术信息支持,同时还需要很多市场信息,这样才能为企业研发新技术奠定基础。目前,有效技术信息、市场信息的识别和获取难度很大,信息不对称程度较高,所以,相比其他如生产、销售、固定资产投资等活动而言,创新活动有较高的信息风险。

其次,创新活动需要较大的资金投入,而且有些研发活动持续周期较长,需要持续的资金的支持。如果资金投入不到位,或者是不能保障未来

持续不断的研发资金投入，国有企业的创新活动很容易失败，因此创新活动存在较高的资金风险。相比国有企业而言，资金风险在民营企业中可能更为突出。

另外，研发需要较长的周期，互联网时代市场变化加快，投入较长时间研发出的成果其收益无法保障，而且企业创新成果获得的收益也是滞后的，因此所有创新活动均存在较高的经济风险。

三、国有企业高管晋升激励路径分析

关于官员政治晋升路径的研究，Li 等（2001）认为社会主义体制下，政治选拔机制存在两条路径，一条是政治路径，强调政治忠诚度，越高的政治忠诚度会越容易获得晋升；另外一条是职业路径，即具有越高的职业素养和专业水平越容易获得晋升。在 Li 等（2001）看来，晋升的关键是政治标准和教育水平。学者 Zhao 等（2004）的研究确定了 Li 等（2001）的晋升双轨模型，但认为随着中国改革开放和经济、政治体制改革，晋升标准虽然存在连续性，但其变化也是特别明显的。Zhao 等（2004）拓展了 Li 等（2001）的模型，认为存在"制度化"和"专业化"两种模式。杨瑞龙等（2013）总结认为现官员政治职位升迁或降低的因素包括经济绩效因素和政治关系因素。陈潭等（2010）认为政治晋升是中国政府官员的一种压力性激励范式，且是不容官员选择的政治生态；官员晋升受前台如绩效量化考量、绩效排名、择优选拔的晋升机制的影响，也受后台的影响。

改革开放以来，我国国有企业改革已取得重大进展，国有企业建立了相对科学的现代企业制度。然而，在中国社会主义经济下，国有企业有其区别于一般企业的特殊性，高管身份特殊就是其中非常突出的一点。国企高管具备公司高管和准政府官员双重身份（杨瑞龙 等，2013；刘青松 等，2015），因此对国企高管而言，其晋升路径有两种：控制权横向扩张的自我晋升和政治身份提高的政治晋升。本书重点讨论国有企业高管的政治晋升，即对政治身份的向上追求。国有企业高管面临的政治晋升路径与政府官员类似，即向上的金字塔模式，且高级职位具有天然的稀缺性。对于国有企业高管晋升影响因素文献的回顾，杨瑞龙等（2013）认为学历、政治身份会提高晋升概率；刘青松等（2015）认为绩效是晋升的门槛、其承担的社会责任是影响晋升的关键；张霖琳、刘峰和蔡贵龙（2015）认为晋升

受个人能力和企业绩效和政策性负担承担等因素的影响较大，但是不同地区、不同级别企业的重点影响因素不同。

通过综述大量文献，本书认为，在我国经济体制下，国有企业形成了"行政干预下的经营者控制"的治理结构（杨瑞龙，2005）。国有企业的经营者与国有企业的上级政府管理部门有着千丝万缕的联系，国有企业高管晋升与官员晋升路径类似，存在的路径：职业路线、行政路线，职业路线即政治晋升依靠较强的个人能力；行政路线即依靠向上级主管部门表示较高的政治忠诚度。

四、晋升激励对创新投资的影响分析

本书从国有企业高管获得晋升的路径着手，探讨国有企业高管为了获得晋升会对企业创新投资产生何种影响。

（一）职业晋升路径的分析

我国国有企业高管的考核激励制度经历过多次调整。国资委成立之前，缺乏对国企高管统一的考核约束，2003 年国资委挂牌成立之后，其代表国家行使出资人的义务，相继出台了《关于做好 2003 年中央企业工资总额同经济效益挂钩工作的通知（2003）》《中央企业负责人经营业绩考核暂行办法（2003）》《关于做好 2005 年度中央企业工资总额同经济效益挂钩工作的通知（2005）》《中央企业综合绩效评价管理暂行办法（2006）》《中央企业综合绩效评价实施细则（2006）》《中央企业负责人经营业绩考核暂行办法（2006）》《中央企业负责人任期经营业绩考核补充规定（2007）》《关于加强中央企业负责人第二业绩考核任期薪酬管理的意见（2007）》《中央企业负责人年度经营业绩考核补充规定（2008）》《中央企业负责人经营业绩考核暂行办法（2009）》《中央企业全员业绩考核情况核查计分办法（2009）》《关于进一步加强中央企业负责人副职业绩考核工作的指导意见（2012）》《国务院国有资产监督管理委员会令第 30 号中央企业负责人经营业绩考核暂行办法（2013）》《中央企业安全生产考核实施细则（2014）》等规范文件。

2003 年 11 月的《中央企业负责人经营业绩考核暂行办法》明确了经营业绩考核对象，基薪、绩效年薪和任期内长期激励的激励方式，年度经营业绩和任期经营业绩考核相结合的方式。2006 年 12 月、2007 年 12 月、

2008 年 2 月国资委对《中央企业负责人经营业绩考核暂行办法》进行了三次修订,补充并完善了部分内容,并相继出台了《中央企业综合绩效评价管理暂行办法》(2006)、《中央企业综合绩效评价实施细则》(2006)、《中央企业负责人经营业绩考核暂行办法》(2006)、《中央企业负责人任期经营业绩考核补充规定》(2007),以及《中央企业负责人年度经营业绩考核补充规定》(2008)。2009 年的修订稿提出"经济增加值"的概念,将利润总额和经济增加值作为国有企业负责人考核的基本指标,并规定了经济增加值考核的细则。后续国资委、相关部委对国有企业经营业绩考核做出了目标方向一致且更为细化的修订。在颁布的各项国有企业高管业绩考核管理办法中都有"依据任期经营业绩考核结果,对企业负责人实行奖惩与任免"的表述(如 2004 年颁布的《中央国有企业负责人经营业绩考核暂行标准》第八、十五、十六、二十六条规定)。且在 2009 年、2012 年,以及 2016 年对《业绩考核暂行办法》进行了三次修订后,目前国有企业业绩考核主要是以经济增加值(EVA)为核心的考核体系。

经济增加值(EVA)是公司年税后净营业利润减去资本成本,资本成本包括股权资本成本和债务资本成本,体现企业真正的利润。经济增加值(EVA)是一种很好的评价管理者资本利用能力、股东价值创造能力的经营业绩考核工具。但是经济增加值(EVA)仍是以经营利润为基础的目标责任制考核,在具体考核时以年度为结算单位。在国有企业运用时,为避免高管的短视行为,会考核国有企业高管任期内的经济增加值(EVA)。而本书的统计数据显示,国有企业高管的平均任期仅为 3.96 年(2000—2014 年上市国有企业董事长的平均任职时间),EVA 的考核仍是属于短期财务指标的考核。加之国有企业高管的平均任期较短,他们可能也关心任期内的 EVA,所以这种业绩考核方式会造成高管的短视行为。

2012 年、2016 年版的《中央企业负责人经营业绩考核办法》对于在科技创新等方面取得突出成绩、取得重大科技成果的央企负责人,经评定可以获得经营业绩考核加分奖励,或被授予任期特别奖。然而,总结前人的研究并结合实际情况可以发现,与其他固定资产投资、销售、生产、采购等企业活动相比,创新活动具有投入高、回报期长、风险高等特点。创新活动在研发的过程中由于严重的信息不对称和信息不完全(技术方向、技术含量、未来价值等)存在较高的信息风险;由于研发资金不能持续供应或供应不足增加研发失败的概率而导致资金风险；由于未来收益的不确定性且滞后会引发较高的经济风险。国有企业资产归属人民、管理归属国家，目前以国资委为管理主体的模式对于国有企业来讲仍是所有者缺位的状态，对于国企高管的监管约束较少。国有企业呈现严重的代理问题。国企高管出于考核个人能力的考虑，会倾向于规避风险高的创新投资。

创新投资具有较高的信息风险、资金风险和经济风险，且回报周期较长，故国有企业高管作为"政治人"身份突出的企业经营者，出于个人政治晋升的追求、个人能力的考核的需要，可能会选择投资短期内能见业绩的项目，从而挤出风险高、回报周期长的研发投资。

（二）行政晋升路径的分析

国有企业受政府部门监管，并非如民营企业、外资企业一样是单纯以盈利为目的的企业法人组织，而是承担社会稳定、经济发展等多项任务的国家宏观调控工具，需要承担除经济目标以外的各级政府下达的政策性负担，包括地区经济增长任务推动的战略性负担和类似雇佣冗员、抗击灾难等的社会性负担。从经济目标来看，政府尤其是地方政府在以 GDP 增长率和城镇化水平为核心的考核体系的激励下，会倾向于选择风险低、短期能获得收益的项目，而忽略"费力难讨好"的创新投资项目。国有企业高管为了获得政府的认可、获得晋升，可能会迎合政府或政府部分官员偏向的短期经济目标，挤出研发投资。从非经济的政策性目标来看，国有企业高管为了向上级主管政府表达政治忠诚度，可能会让企业承担政府政策性负担，包括保护环境、雇佣冗员等，这些非生产性的行为都会占用企业有限的资源，挤出对创新活动的投入。

改革开放是中国计划经济向市场经济转型的重要转折点，1995 年 5 月"科教兴国"战略正式提上议程。多年来，为了鼓励和支持创新，各级政府出台了一系列政府补贴、税收优惠、信贷支持等政策。同时，政府在各地区的发展规划中明确规定地区研发经费支出占地区生产总值的比重增长率，例如东北老工业基地在"十一五"规划中要求研发经费占比的年增长率要达到 0.7%，在"十二五"规划中，这个值被提高到了 0.8%。在国家的大力倡导和支持下，国企高管可能会顺应政策要求提高创新投资的比例、提升创新的能力。

（三）关系晋升路径的分析

转型期的中国其治理的主要特点之一就是政府在经济运行过程中发挥重要作用。在行政分权改革的背景下，各地方政府掌握了大量资源，如政府补贴、税收优惠、信贷支持等有形资源，以及政府信用、政策信息等无形资源（李莉 等，2013）。企业需要与政府建立良好的关系，以便获得某种竞争优势。同时，地方经济的发展需要依赖地方国有企业，政府有干预国有企业运行的动机，政府可支配的资源和利益来源于当地的经济发展，而且上级政府对下级层层主管地区官员的考核也是基于地方经济的发展，进而决定层层官员的职务升迁。这样的情况下，国有企业和政府在双方利益的激励下会形成利益共同体，巩固企业与政府之间的关系。

国有企业高管为了获得政治晋升会积极建立和维持与上级主管部门的关系，这样的行为会挤压创新投资；同时获得关系的国有企业，由于其生存压力小、竞争不充分，国有企业高管面对晋升的诱惑，会避免投资于风险高的创新项目，使得国有企业缺乏创新动力，如此循环往复，导致国有企业创新投入不足。

我们可以发现国企高管政治晋升对企业创新投资的影响并不统一，同时存在挤出和激励双重效应。从挤出效应来看，政治晋升对创新投资有抑制作用，而从激励效应来看，政治晋升会提高创新投资。要确定是哪种影响，需要看哪种效应占主导地位。从国企高管自身来看，由于创新活动的资金需求大、回收期长、成功率低、未来收益难以预计等原因，塑造较好的经营业绩、承担政府目标、保持良好"政企关系"等行为相较于"顺应国家政策，通过创新投资提高企业创新能力"而言，后者需要承担的风险较高、获得回报时间较长，而前面三种行为能够让国有企业高管在短期内达到晋升的目的。而在我国国有企业中普遍存在"多做多错"或"做多错多"现象，许多官员的行为准则即"不求有功，但求无过"，故本书认为在实际过程中，激励效应可能比较弱，挤出效应起主导作用。综合上述分析，本书提出假设1。

假设1：在国有企业中，高管的晋升激励会抑制创新投资。

第二节　研究设计

本部分的研究设计包括核心变量测度、样本来源及样本选择、模型设计，通过描述性统计、回归分析检验结果，进一步检验结果的稳健性。

一、核心变量测度

（一）因变量

因变量为创新投资（RD）。目前国内外度量创新投资，即研发投资的指标主要有：研发决策指标和研发强度指标。研发决策指标包括是否有研发投资决策（虚拟变量）和研发投资的自然对数。研发强度指标包括：研发投入/总资产、研发投入/主营业务收入。本书采用研发投资的自然对数衡量研发决策，用研发投入/主营业务收入衡量研发强度。研发投入主要是报表附注中的"研发支出"的"本期增加数"，包含当期开发支出和研究支出。

（二）自变量

自变量晋升激励（IFPro）。本书以未来是否获得晋升作为政治晋升的代理变量，考虑国有企业董事长、总经理、党委书记三种类型高管行政级别的升迁。国有企业高管从原有级别调职到更高级别的行政岗位或调任至相同级别的行政岗位都定义为晋升激励。后一种晋升激励方式虽然行政级别没有改变，但是使得国有企业高管拥有了进一步晋升的空间。另外，高管从子公司进入控股集团平级任职，其控制的资源、职位职权得到升级，且令其从集团公司调任政府官员的可能性进一步提高，因此本书将上市公司的高管升任集团公司职务的情况亦定义为晋升激励。

当年 7 月份以后晋升的，t 年、$t-1$ 年 IFPro 赋值为 1；7 月份以前晋升的，$t-1$ 年 IFPro 赋值为 1。其他的职位变动或是保持不变定义为平级调动，IFPro 赋值为 0。

现实中政府部门的"行政级别"和"职位职权"有时并不是完全对应的，存在行政级别高，却无实际职位职权，或职位职权较小的现象。本书以行政级别作为识别是否晋升的关键。

（三）控制变量

根据以往研究，企业创新投资还受到如企业规模、资本结构、业绩、发展阶段、内部治理、运营能力、行业结构等的影响。本书用企业总市值的自然对数（SIZE）度量企业规模因素；用资产负债率（Lev）衡量企业资本结构；用净利润/年末总资产，即 ROA 度量企业短期业绩；用企业上市年限，即企业年龄（Age）衡量企业的上市年限。运营能力指标包括货币资金持有量（Cash），即货币资金持有量和总资产的比率；管理费用率（ADM），即管理费用/营业收入；总资产周转率（TAT），即营业收入/总资产；公司成长机会（TobinQ），即托宾 Q；企业税率（Tax），即 t 年末的上缴税额/营业收入。

另外，本书还包括公司治理因素，包括股权集中度（第一大股东持股比例）、独立董事规模（IndeDire：独立董事人数）、董事会规模（Boardsize：董事会人数）、董事会持股状况（BoardShare：董事会持股比例）。具体各研究变量的定义如表 4.1 所示。

表 4.1　变量定义

变量名称	变量符号	变量定义
创新投资	RD_t	RD_1，t 年末研发投资的自然对数 RD_2，t 年末研发投入/主营业务收入
晋升激励	IFPro	虚拟变量，晋升为 1；其他为 0
货币资金持有量	Cash	t 年末货币资金持有量和总资产的比率
资产负债率	Lev	t 年末的资产负债率
企业年龄	Age	t 年末的企业上市年限
股权集中度	EquiStru	t 年末第一大股东持股比例
管理费用率	ADM	t 年末的管理费用/营业收入
公司规模	Size	t 年末的总资产的自然对数
总资产周转率	TAT	t 年末的营业收入/总资产
盈利能力	ROA	t 年末的净利润/年末总资产
企业税率	Tax	t 年末的上缴税额/营业收入
独董规模	IndeDire	t 年末独立董事人数
董事会规模	Boardsize	t 年末董事会人数

表4.1(续)

变量名称	变量符号	变量定义
公司成长机会	Tobin Q	t 年末（股权市值+净债务市值）/期末总资产，其中：非流通股权市值用净资产代替计算
董事会持股状况	BoardShare	t 年末董事会成员持股
年份	Year	设置年度虚拟变量
行业	Industry	根据证监会 2001 年度颁布的《上市公司行业分类指引》，设置行业虚拟变量

资料来源：笔者研究整理。

二、数据来源及样本选择

本书以我国国有上市公司为样本。本书查阅国资委公布的相关信息，并对比数据库资料，共获得了 1 051 家国有上市公司的资料。选取 2007 年至 2015 年的相关数据，并对样本做了如下处理：①剔除金融行业公司样本；②剔除 ST 或 PT 的公司样本；③剔除数据缺乏的公司样本。其中，基本财务数据来自 CCER 经济金融数据库，政府补助、研发投资的数据来自 CSMAR 数据，高管的晋升激励数据通过公司网站、公司年报、相关报道等途径手工收集整理。为了减小极端值对检验结果的影响，本书对非二元变量按照 1% 和 99% 分位数进行 Winsorize 处理，对非平衡面板数据，进行 Hausman 检验后采用固定效用检验。

三、模型设计

为了验证高管晋升激励对企业创新投资的影响，建立模型4.1。

$$RD = \alpha + \beta * IFPro + \gamma * Control + \varepsilon \qquad (4.1)$$

第三节　实证模型检验与结果分析

本书首先对相关变量进行描述性统计，并在此基础上通过回归分析检验假设，同时区分不同职位高管、考虑高管背景特征，以及区分最终控制人性质对研究假设进行进一步分析和稳健性检验。

一、描述性统计分析

本书首先以是否晋升将样本分为两组，并对两组样本的主要变量进行独立样本 T 检验，表 4.2 列出了 T 检验的结果。

独立样本 T 检验的结果显示，国有企业中，高管晋升的企业和高管未晋升的企业在创新投资上存在显著差异。无论是从研发投资决策（RD_1），还是从研发投资强度（RD_2）来看，存在高管晋升的国有企业的这些指标都显著低于高管未晋升的国有企业。单纯从独立样本 T 检验来看，国有企业的晋升激励对创新投资有影响，具体还需要通过更严格的实证检验来验证。

表 4.2　独立样本 T 检验结果

变量	未晋升样本	晋升样本	T 值
RD_1	8.098 848	7.090 904	5.195 8***
RD_2	0.011 210 7	0.008 129 2	6.897 8***
Lev	0.525 639 8	0.540 235 3	−3.208 7***
Size	22.382 29	22.282 49	3.208 7***
TobinQ	1.645 43	1.548 89	2.911 1***
ROA	0.031 228 5	0.024 716	5.128 9***
Cash	10.886 17	10.392 13	1.395 2
Tax	0.040 306 3	0.035 789 3	3.912 9***
Age	12.207 88	11.878 96	2.760 1***
EquiStru	19.476 67	23.163 87	−5.146 3***
Boardsize	5.476 438	5.775 665	−6.676 1***
IndeDire	4.075 024	4.217 997	−3.472 8***
BoardShare	0.196 898 6	0.116 000 3	3.793***
AMD	1.256 709	1.237 245	0.153 8
TAT	0.708 815 8	0.704 039 9	0.422
N	15 555	2 367	

资料来源：笔者研究整理。

注：***、**、* 分别表示在 1%、5%、10%的水平上显著。

表 4.3 是本书相关控制变量的描述性统计，包括各变量的均值、标准差、极小值和极大值。

表 4.3　描述性统计结果

变量	均值	标准差	极小值	极大值
Lev	0. 526 3	0. 207 7	0. 009 1	1. 049 6
Size	22. 333 6	1. 401 4	13. 076 0	26. 272 3
TobinQ	1. 652 3	1. 531 2	0. 000 0	8. 516 8
ROAW	0. 031 2	0. 057 5	−0. 229 0	0. 196 1
Cash	10. 775 1	16. 040 3	−21. 705 9	23. 660 3
Tax	0. 040 1	0. 052 9	−0. 009 3	0. 273 8
Age	12. 107 7	5. 328 1	0. 5	22. 5
EquiStru	39. 710 4	15. 381 1	3. 190 0	76. 950 0
Boardsize	5. 786 3	1. 661 3	1	11
IndeDire	4. 228 8	1. 750 9	1	11
BoardShare	0. 208 4	1. 042 1	0	7. 801 7
AMD	0. 084 0	0. 074 9	0. 008 1	0. 531 8
TAT	0. 709 1	0. 514 6	0. 047 6	2. 787 0

资料来源：笔者根据实证研究结果整理。

本书又进一步进行了相关性检验，自变量、因变量和控制变量的相关性检验结果如表 4.4 所示。同时在回归之前，本书检验了模型 4.1 的多重共线性，条件数结果为 77.07，虽然大于 30，但是小于 100，这表明模型虽然存在一定程度的多重共线性，但并不影响结果的可靠性。

表 4.4 相关性检验结果

变量	RD_1	RD_2	IFPro	Lev	Size	TobinQ	ROA	Cash	Tax	Age	EquiS	Boardsize	IndeDire	BoardSha	AMD
RD_1	1														
RD_2	0.631***	1													
IFPro	-0.039***	-0.051***	1												
Lev	-0.01	-0.172***	0.024***	1											
Size	0.165***	-0.066***	-0.024	0.310***	1										
TobinQ	-0.031***	0.136***	-0.022	-0.420***	-0.446***	1									
ROA	-0.035***	0.009	-0.038***	-0.406***	0.070***	0.219***	1								
Cash	-0.007	-0.024***	-0.01	-0.131***	0.139***	0.003	0.241***	1							
Tax	-0.231***	-0.158***	-0.029***	-0.094***	0.107***	0.060***	0.281***	-0.028***	1						
Age	0.076***	-0.072***	-0.021	0.148***	0.040***	-0.085***	-0.138***	-0.071***	0.068***	1					
EquiS	-0.036***	-0.087***	0.038***	0.015	0.023	-0.060***	-0.055***	-0.011	-0.023***	0.085***	1				
Boardsize	-0.095***	-0.083***	0.050***	0	0.053***	-0.056***	0.098***	0.067***	-0.029***	-0.139***	-0.017**	1			
IndeDire	0.067***	0.028***	0.026***	0.016**	0.141***	-0.070***	0.033***	0.051***	-0.003	-0.019**	-0.005	0.347***	1		
BoardShar	0.083***	0.188***	-0.028***	-0.107***	-0.060***	0.108***	0.100***	-0.019**	0.005	-0.246***	-0.092***	0.015	0.045***	1	
AMD	0.031***	0.031***	-0.001	-0.013*	-0.018**	-0.008	0.006	0.027***	-0.068***	0.008	0.046***	-0.002	0.01	-0.009	1
TAT	0.085***	-0.081***	-0.003	0.075***	-0.027***	-0.013*	0.089***	0.041***	-0.360***	0.028***	0.071***	0.043***	-0.022	-0.016	0.058***

注：***、**、* 分别表示在 1%、5%、10%的水平上显著。
资料来源：笔者根据实证研究结果整理。

二、假设检验

表 4.5 为国有企业高管晋升激励对创新投资影响的回归结果。

表 4.5   国有企业晋升激励与创新投资影响的回归结果

变量	(1) RD_1	(2) RD_1	(3) RD_2	(4) RD_2
Const	1.935 9**	-194.781 2***	-0.001 5**	-0.019 0***
	(2.030 3)	(-23.831 5)	(-2.196 8)	(-3.038 2)
IFPro	-2.518 2***	-1.350 1***	-0.003 3***	-0.002 8***
	(-4.750 0)	(-2.776 0)	(-8.574 2)	(-7.418 3)
Lev		-3.962 2***		-0.014 3***
		(-3.992 4)		(-18.921 2)
Size		9.052 6***		0.002 0***
		(59.920 9)		(17.703 7)
TobinQ		0.604 6***		0.000 7***
		(4.448 0)		(6.683 7)
ROA		4.985 4		0.013 6***
		(1.401 3)		(5.009 1)
Cash		0.046 2***		-0.000 0***
		(4.204 4)		(-3.135 0)
Tax		-47.980 4***		-0.074 2***
		(-11.341 7)		(-22.952 9)
Age		-0.146 7***		-0.000 1***
		(-4.325 9)		(-5.260 3)
EquiStru		-0.012 5**		-0.000 0***
		(-2.410 4)		(-8.879 6)
Boardsize		-0.967 0***		-0.001 1***
		(-10.689 3)		(-15.422 3)
IndeDire		0.643 8***		0.000 5***
		(6.695 0)		(7.161 6)
BoardShare		0.178 5		0.002 6***
		(1.059 6)		(20.028 0)
AMD		59.462 4***		0.053 5***
		(21.800 9)		(25.696 1)
TAT		5.372 6***		-0.003 2***
		(13.268 6)		(-10.381 3)

变量	（1） RD_1	（2） RD_1	（3） RD_2	（4） RD_2
Year	Control	Control	Control	Control
Industry	Control	Control	Control	Control
Adj-R^2	0.079 8	0.266	0.186	0.296
F	75.60	194.9	198.0	226.3

资料来源：笔者根据实证研究结果整理。

表4.5中的（1）（3）仅控制年度和行业虚拟变量，（2）（4）控制了相关控制变量、年度和行业虚拟变量。（1）（2）是以创新投资决策，即研发投入的自然对数为被解释变量，（3）（4）是以创新投资强度，即研发投入与主营收入的比值为被解释变量。所有回归结果中，IFPro与RD之间的相关系数显著为负，即晋升激励对创新投资有显著的抑制作用，故本书的假设1得到验证。

借鉴已有分析，本书还控制了企业规模、资本结构、业绩、发展阶段、内部治理、运营能力、行业结构等因素。检验结果显示，企业资产负债率（Lev）、企业税负（Tax）、股权结构（EquiStru）与创新投资有显著负相关性，即负债率越高、税负越高、第一大股东持股比例越高，企业创新投资越低。企业规模（Size）、企业成长性（Tobin Q）、企业业绩（ROA）、董事会持股（BoardShare）、管理费用（AMD）与创新投资有显著正向关系，即企业规模越大、成长性越强、业绩越好、董事会持股越高、管理费用越高，越容易进行创新投资。控制变量的检验结果与大部分已有研究的结果保持一致。

三、稳健性检验

（一）区分高管职位的检验

在国有企业中，重要职位包括董事长、总经理、党委书记，不同职位的不同岗位目标可能影响研究结果的稳健性，本书将全部样本分为董事长、总经理、党委书记三类样本分组检验，回归结果如表4.6所示。国有企业党委书记一职在国有企业中是很重要的，其工作职责除了党建等工作之外，还包括：参与企业工作计划、发展规划、改革方案等重大事项的决策，负责干部考核工作以及后备干部的选拔和培养工作，能够与企业行政领导共同决定中心级干部的人选。可见，党委书记是连接党组织和企业的纽带，不但在企业中的职权较大，在党政机关也有较高位置。数据显示，在国资委网站列出的115家央企名录中，多名一把手为企业党委书记，而且职位高达"副部级"。然而由于在上市公司年报中按照规定党委书记并不是必须披露的，也有部分样本党委书记并未出现在高管名单中，因此本书中高管担任党委书记一职的样本并不是全部，仅为在年报中披露、在数据库中出现的党委书记的样本。由于本书并非主要针对某一类职务的样本的研究，党委书记样本缺失的问题可以在后续研究中弥补。表4.6中的因变量为研发投入与主营业务收入的比值。回归结果显示，IFPro与因变量之间呈现显著的负相关关系，与前文全样本的检验结果一致。

表4.6　不同高管身份的稳健性检验

变量	董事长 （5）	总经理 （6）	党委书记 （7）
Constant	−0.056 9 ***	−0.034 7 ***	−0.024 4 *
	（−3.923 4）	（−7.857 0）	（−1.957 4）
IFPro	−0.003 4 ***	−0.002 4 ***	−0.003 3 **
	（−4.289 3）	（−4.124 0）	（−2.407 2）
Lev	0.010 9 ***	−0.015 2 ***	−0.008 5 ***
	（6.635 6）	（−13.869 8）	（−2.804 9）
Size	0.002 8 ***	0.002 1 ***	0.001 6 ***
	（10.994 1）	（12.609 5）	（3.279 8）
TobinQ	0.000 8 ***	0.000 6 ***	−0.000 2
	（3.348 3）	（3.941 4）	（−0.410 9）
ROA	0.025 6 ***	0.012 6 ***	−0.004 9
	（4.355 2）	（3.245 4）	（−0.480 9）
Cash	0.000 0	−0.000 0 **	0.000 0
	（1.421 4）	（−2.406 7）	（1.279 3）
Tax	−0.089 1 ***	−0.074 5 ***	−0.049 9 ***
	（−12.784 2）	（−16.042 7）	（−3.774 8）
Age	0.000 1 **	−0.000 1 ***	−0.000 1
	（2.211 7）	（−3.285 6）	（−0.614 8）
EquiStru	−0.000 0 ***	−0.000 0 ***	−0.000 0 ***
	（−3.686 4）	（−6.099 8）	（−3.010 5）
Boardsize	−0.001 3 ***	−0.001 1 ***	−0.000 5 *
	（−8.392 0）	（−11.401 3）	（−1.852 4）

表4.6(续)

变量	董事长 （5）	总经理 （6）	党委书记 （7）
IndeDire	0.000 9 ***	0.000 5 ***	0.000 1
	（5.463 0）	（5.142 9）	（0.298 0）
BoardShare	0.002 1 ***	0.002 4 ***	−0.000 0
	（7.272 6）	（13.632 6）	（−0.005 2）
AMD	0.045 9 ***	0.053 7 ***	0.041 2 ***
	（10.306 8）	（18.249 2）	（4.275 1）
TAT	0.005 1 ***	−0.003 3 ***	−0.002 7 **
	（7.572 2）	（−7.386 2）	（−2.449 8）
Year	Control	Control	Control
Industry	Control	Control	Control
Adj−R^2	0.213	0.298	0.246
F	75.56	113.5	9.735

资料来源：笔者根据实证研究结果整理。

（二）考虑高管背景特征的检验

杨瑞龙等（2013）、郑志刚等（2014）的研究认为，高管的年龄、性别、教育背景、任期等特征会影响政治晋升，从研发决策层面来看，高管的背景特征因素也是重要的影响因素。考虑到高管不同特征会对本书的结果产生不同影响，本书在模型中引入高管年龄、性别、教育背景、任期，以及任期的平方等特征变量，实证结果如表4.7所示。结果表明，控制了国有企业高管的特征之后，结果无实质性变化，研究结果稳健。

表4.7　考虑高管背景特征的稳健性检验

变量	（8） RD_1	（9） RD_2
Const	−221.845 6 ***	−0.012 7 **
	（−32.449 7）	（−2.560 9）
IFPro	−0.869 8	−0.003 2 ***
	（−1.098 7）	（−5.599 2）
Lev	−3.158 7 **	−0.017 3 ***
	（−2.053 9）	（−15.557 2）
Size	9.755 1 ***	0.001 2 ***
	（42.093 5）	（6.896 4）

表4.7(续)

变量	(8) RD_1	(9) RD_2
TobinQ	0. 636 5 ***	0. 000 5 ***
	(3. 110 0)	(3. 478 2)
ROA	4. 515 2	0. 022 4 ***
	(0. 796 5)	(5. 466 6)
Cash	0. 080 3 ***	−0. 000 0 **
	(4. 665 5)	(−2. 545 9)
Tax	−62. 904 4 ***	−0. 096 3 ***
	(−9. 734 2)	(−20. 587 2)
Age	−0. 295 7 ***	−0. 000 4 ***
	(−5. 834 4)	(−11. 020 5)
EquiStru	−0. 003 9	−0. 000 0 ***
	(−0. 461 5)	(−5. 699 8)
Boardsize	−1. 094 0 ***	−0. 001 1 ***
	(−7. 989 9)	(−10. 779 8)
IndeDire	0. 720 3 ***	0. 000 6 ***
	(4. 863 8)	(5. 555 6)
BoardShare	0. 001 1	0. 002 0 ***
	(0. 005 5)	(13. 607 0)
AMD	66. 566 9 ***	0. 060 7 ***
	(15. 478 3)	(19. 489 7)
TAT	7. 169 5 ***	−0. 004 0 ***
	(11. 127 7)	(−8. 676 5)
Execu_Age	0. 047 8	0. 000 0
	(1. 026 5)	(1. 477 3)
Execu_Sex	0. 017 2	0. 001 3
	(0. 012 2)	(1. 228 5)
Execu_Ten	0. 459 7 *	0. 001 3 ***
	(1. 937 0)	(7. 294 2)
Execu_Ten_Squ	0. 001 8	−0. 000 0 ***
	(0. 090 7)	(−2. 630 7)
Execu_Edu	1. 109 6 ***	0. 001 5 ***
	(3. 029 3)	(5. 772 0)
Year	Control	Control
Industry	Control	Control

变量	（8） RD_1	（9） RD_2
Adj-R^2	0.283	0.351
F	99.26	135.4

资料来源：笔者根据实证研究结果整理。

（三）区分最终控制人性质

我国的国企按照最终控制人性质可以分为中央直属企业和地方性国企，不同的国有企业所处的委托代理链条位置不同，不同国有企业所受政府干预程度、监管方式不同，可能会对研究结果有一定影响，所以本书将国有企业分为中央直属企业和地方性国企，部委直属企业也归为中央企业。分组检验的结果如表4.8所示，其中（10）（11）列是中央直属国有企业样本的回归结果，（12）（13）列是地方国有企业样本的回归结果。

表4.8 区分最终控制人性质的稳健性检验

变量	（10） RD_1	（11） RD_2	（12） RD_1	（13） RD_2
IFPro	0.386 3*	−0.000 8	−0.898 0***	−0.002 3***
	(1.898 0)	(−1.114 1)	(−4.775 0)	(−5.771 5)
Lev	−0.589 0	−0.008 4***	−3.856 9***	−0.012 4***
	(−1.280 5)	(−5.412 1)	(−10.026 7)	(−15.104 2)
Size	0.635 6***	−0.001 0***	1.614 8***	0.000 8***
	(10.066 2)	(−4.513 1)	(27.301 7)	(6.357 5)
TobinQ	0.219 5***	0.001 4***	0.287 0***	0.000 3**
	(3.611 2)	(6.892 4)	(5.249 1)	(2.346 6)
ROA	9.150 6***	0.019 2***	−4.035 4***	0.002 1
	(6.023 0)	(3.738 1)	(−2.924 4)	(0.702 0)
Cash	−0.008 2*	−0.000 0	−0.002 3	−0.000 0
	(−1.746 9)	(−1.300 1)	(−0.540 8)	(−1.368 2)
Tax	−28.558 0***	−0.044 4***	−19.318 5***	−0.042 5***
	(−12.008 5)	(−5.530 7)	(−12.819 6)	(−13.243 0)
Age	−0.090 3***	−0.001 0***	0.041 6***	−0.000 1**
	(−5.622 9)	(−18.063 0)	(3.182 5)	(−2.475 4)
EquiStru	−0.003 8	−0.000 0***	−0.009 8***	−0.000 0***
	(−1.537 2)	(−3.867 3)	(−5.285 8)	(−7.064 5)

表4.8(续)

变量	(10) RD_1	(11) RD_2	(12) RD_1	(13) RD_2
Boardsize	−0.060 4	−0.000 3 **	−0.679 8 ***	−0.001 0 ***
	(−1.391 5)	(−2.156 8)	(−19.845 9)	(−13.449 1)
IndeDire	0.009 6	−0.000 1	0.123 3 ***	0.000 2 ***
	(0.223 0)	(−0.439 2)	(3.371 5)	(2.966 2)
BoardShare	0.413 5 ***	0.002 5 ***	0.393 4 ***	0.002 1 ***
	(5.541 1)	(10.075 7)	(5.550 6)	(13.972 7)
AMD	0.041 1 ***	0.000 1 ***	0.020 2 *	0.000 1 ***
	(3.113 4)	(2.748 0)	(1.927 5)	(3.367 7)
TAT	0.488 8 ***	−0.008 6 ***	0.205 3	−0.003 9 ***
	(3.084 2)	(−16.111 3)	(1.392 9)	(−12.291 0)
Constant	−3,572.694 2 ***	−8.049 0 ***	−26.280 4 ***	−0.003 2
	(−39.012 1)	(−26.012 9)	(−19.485 3)	(−1.100 0)
Adj-R^2	0.618	0.448	0.389	0.258
F	261.7	131.5	228.2	124.7

资料来源：笔者根据实证研究结果整理。

　　检验结果显示，在中央直属企业中，晋升激励对创新投资不存在显著负相关性，以研发投入的自然对数作为因变量的检验中，晋升激励对创新投资有显著正向作用；而在地方国有企业中，晋升激励对创新投资有显著负向作用。造成这样结果可能的原因是：中央直属企业主要处于重要资源类和重大基础建设行业，企业规模一般较为庞大，而且受到中央政府、中央国资委的直接监管，同时也受到国内外媒体监控；且相对地方企业而言，中央企业的监管部门——国务院国资委不似地方政府一样背负地方经济发展、社会安定等职责，因此中央企业受到的监管相对独立。因此就中央企业而言，其委托代理问题得到一定的缓解，高管为了获得晋升可能会更多依靠企业良好的业绩，以及在行业中领先的地位，而需要更多、更有效的创新投入，提高企业持续发展的能力，因此在中央直属国有企业中，高管的晋升激励对创新投资的抑制作用较弱，反而有可能促进创新。

第四节　研究结论

本章主要通过逻辑推演和实证检验的方式研究国有企业晋升激励对创新投资的影响，验证了本书的假设1。

一、本章主要内容

政治晋升原本是官员激励的问题，在我国，由于国有企业身份的特殊性，国有企业高管兼具政治属性和经济属性，也具有一定的行政级别，存在政治晋升的现象。目前，国有企业高管晋升激励问题的研究是理论界和实务界关注的重点，尤其是在国有企业改革新一轮推进的背景下，类似问题的探讨显得尤为重要。

已有文献主要是从影响高管政治晋升激励的因素、高管晋升激励的经济后果两方面分析该问题的。影响高管政治晋升的因素包括企业绩效、政府责任的承担、高管的背景特征、政治关联等。关于政治晋升的经济后果，学者们研究认为政治晋升作为一种隐性激励手段，可以弥补薪酬激励的不足，促进企业并购、提高企业总体绩效。也有学者认为，高管为了政治晋升，会选择短期行为，快速提升高管个人形象，而有损企业长久发展。因此本书从国有企业高管政治晋升切入，分析企业创新投资问题。

在理论分析时，本书首先总结经济学、管理学中关于"人性假设"的文献，认为人是"自私的"，可以"损人利己"，也可以"利他以利己"，以获得物质、精神享受；并且随着内部外部环境、时间等情景因素变化，其所"私"之"物"即"利己"的方式会发生变化，人的本性是"经济人"。其次，本书从身份特征上对国有企业高管进行定义时，认为国有企业高管一方面是"经理人"即高管，另一方面是"政治人"即官员。再次，本书在此基础上分析政治晋升对国有企业高管显著的影响作用。最后，本书总结国有企业创新活动的特征，从国有企业高管晋升的路径入手，分析国有企业高管晋升激励对创新投资的影响。

在实证研究方面，本书首先交代核心变量的测度，包括因变量、自变量和控制变量；其次交代本书数据来源和样本选择，并设计回归模型；再次，通过独立样本T检验、相关性分析、描述性统计，分析样本的基本特征，并通过回归分析验证了假设；最后区分不同职位高管、考虑高管背景特征，以及区分最终控制人性质对研究假设进行进一步分析和稳健性检验。实证研究结果验证了本书的假设1，也提高了本书研究的稳健性。

二、本章主要结论

通过逻辑推演和实证检验，本书得出了以下结论：

第一，在中国特殊的制度背景下，国有企业高管身份的政治属性明显，晋升激励对于国有企业高管而言具有较强的激励作用。就创新投资层面而言，由于国有企业代理问题严重，高管晋升激励会抑制创新投资。

霍布斯（Thomas Hobbes）在1651年出版的哲学巨作《利维坦，或教会国家和市民国家的实质、形式和权力》一书中认为"自私"是人性本质的特征，变现为"欲求"。霍布斯认为"欲求"有三层，第一层是求利，第二层是求安全，第三层是求荣誉。霍布斯认为"欲求"本身没有善恶之分，这是人的"自然权利"，但是如果人性按照自然本性无限制地发展下去，没有外界的干预和控制，人与人之间就会"竞争""猜疑"，进而会造成"斗争""战争"，就会导致"恶"，那么每个个体人性（自私、欲望）的自然表现会导致整个人类的灾难。面对这样的情况，霍布斯认为需要有一个大家都慑服的共同权力，规定相关戒条、规定人们应当遵守的行为法则，进而保障人们各自利益、安全、荣誉。

本书基于"经济人"假设得出国有企业高管晋升激励对企业创新有显著的负向影响，然而这样的做法是以侵占社会利益、国家利益、人民利益为条件的。所有高管的"自私"如果不加以控制，就会影响整个经济的发展、社会的福利，所以需要一个所有高管都"慑服的共同权力"对其加以管制。政府作为国有企业的权力控制人，其如何对高管的"自私"进行正确的引导就显得尤为重要。"自私"不可怕，可怕的是为了一己私利不择手段，置整体经济发展、社会福利于不顾。政府需要首先设置可行的政治晋升规则，让国有企业高管在面对政治晋升的时候有规可循，规避一些非合法、非合理的行为；另外，政府还需要培养高管的主人翁意识，在自我利益与企业利益、政府利益、国家利益、人民利益发生冲突时，更多地顾及后者。

第二，政治晋升机制。从国企高管中选拔政府官员，一直是我国政府了解、把握和治理我国宏观经济、微观企业的有效手段。然而由于政治晋升机制是隐性的、缺乏明确标准的，因此目前在政治晋升机制实施过程中存在激励不相容的现象，未来需要优化选拔机制、加强监督和约束，进而控制国企高管在追求政治晋升过程中的自利行为。当区分国有企业最终控制人性质时，本书得出了不同的结论，即在中央直属国有企业中，政治晋升对创新投资并不存在显著的抑制作用，反而有一定的促进作用；而在地方国有企业中，该抑制作用明显。该实证结果认为，提高监管部门的独立性、减少不合理的行政干预，可以提高国有企业高管政治晋升机制的公开性、公平性和公正性，进而改善国有企业高管晋升激励机制的实施效果。

第五章 政府干预、晋升激励
 与创新投资

国有企业高管的政治晋升行为是中国特殊的市场经济体制下的较为特殊的现象。我国行政分权改革、区域竞争的行政治理方式，赋予了各级政府在所辖区域内较高的资源分配权、行政指挥权，政府可支配的资源和利益来源于当地的经济发展，地方经济的发展需要依赖地方国有企业，国有企业的发展、国有企业高管的晋升也掌握在上级主管政府手中。治理环境的不同，国有企业与上级主管政府之间的关系、国有企业高管晋升的参照标准及难易程度、政府官员和高管的行为方式都会受到影响，因此探讨不同治理环境下，国有企业高管的晋升激励行为对企业创新投资的影响是很有必要，也是很有意义的。根据前文的定义，本书所指的治理环境采取法治水平、政府干预水平两个指标衡量，本章将从政府干预的维度分析该问题。

第一节 研究假设的提出

政府与市场之间的关系一直是经济学讨论的重点话题。古典经济学认为"市场"有一只"看不见的手"通过自我调节可以解决一切问题。政府需要"无为而治"，只要做好"守夜人"即可（Smith，1776），但是Keynes（1936）则认为市场有失灵的时候，需要政府这只"看得见的手"调整个人的自利行为，关心弱势群体，实现经济增长和充分就业。本节基于文献回顾，首先，从政府干预的"帮助之手"和"掠夺之手"出发，分析政府干预对企业经营的影响；其次，从"帮助之手"和"掠夺之手"两个层面，分析政府干预对晋升激励与创新投资之间关系的影响；进而提出研究假设。

一、政府干预的相关文献回顾

（一）政府干预的概念

在国外研究中，政府干预通常与政府规制（government regulation）一词同义，是指政府通过一系列的规制、方法或某种确立的模式对某个对象进行调整；政府对市场的干预是指在市场经济环境下，政府在法律的授权下，通过一定的规则或限制对微观经济主体的行为进行规范和矫正（黑启明，2005）。有学者认为，政府干预或政府规制不应当只是针对微观经济主体，而应包括宏观范畴。日本经济学家金哲良雄认为政府规制是政府为了矫正和改善"市场失灵"，干预、干涉特别是企业在内的各种经济主体的活动。

我国从计划经济逐步向市场经济转型，从政府主导经济向市场主导经济过渡，在这个过程中如何处理好政府和市场之间的关系，关系到我国经济的稳定和改革的成效。在1978年之前，我国国有企业归属国家的经济部门，1978年以来，国有企业经历了放权让利、两权分离、经营责任制、利改税、股份制改革等，在财政分权改革和国有企业改革逐步深入的情况下，国有企业逐步获得了经营自主权。在权力下放的过程中，国有企业高管作为企业的直接管理者，掌握企业的一手信息。然而，由于我国市场机制、公司内外部治理制度尚未成熟，国有企业内部人控制现象较为严重，形成了"行政干预下的内部人控制"的管理现状（钟海燕 等，2010）。目前，不管如何转型、转型的阶段如何，政府干预对国有企业的影响都不容忽视（白俊 等，2014）。

在中国，政府对企业的干预通常履行双重职能，一个是管理职能，政府通过行政手段对国有企业进行计划、组织、协调、控制；一个是经济所有者的职能，各级政府是国有企业的职能委托人，是名义所有者。因此，政府干预包括宏观调控、政府中立的管制和微观管理。宏观调控是指政府出台一些财政、税收、金融政策影响经济，进而对企业产生间接影响。中立的政府管制是指，当市场失灵时政府通过法律法规对经济活动进行管理。微观管理是指政府站在出资人、行政管理者的立场，通过行政命令对企业实施管理，尤其是国有企业。

（二）政府干预对微观企业的影响

政府干预对企业经营活动的影响显著，尤其是对于国有企业而言。国有企业作为营利性组织，其目标应该是企业价值最大化，但是国有企业又不单纯是以营利为目的的组织，还受到政府目标的影响，承担着政府赋予的经济发展、社会稳定、充分就业等政策性任务。在"经济人"假说的条件下，政府官员的行为目标是自身利益最大化。本书认为政府官员作为政治人，政治身份决定其所掌握、控制的资源，以及其获得的权力和利益，所以对于政府官员而言，政治身份的提高是其目标所在。当政府官员目标与政府目标不一致时，由于国有企业所有权归政府，且其运行不得不受到政府的干预，因此国有企业需要在自身企业经营目标之余承担政府分配的非经营性任务，即经济发展、社会稳定、充分就业等政策性负担（林毅夫 等，2004）。

政府干预对于国有企业有不同的影响效果。一方面，在"行政干预下的内部人控制"的情形下，政府作为国有企业资产的委托者，如果对国有企业进行适度的干预，对国有企业高管的行为进行监督，那么能够制约企业高管的自利行为，完善股东的监督管理职能，促进企业的健康成长（钟海燕 等，2010；白俊 等，2014）。另一方面，本书认为是主要的方面，也是目前学者达成的共识，即出于政府利益或政府官员利益的需求，政府在一定程度上会干预国有企业的经营。干预有两种手段，即所谓的"帮助之手"和"掠夺之手"。

"帮助之手"在于，政府掌握了大量如政策信息、税收优惠、信贷配置、市场准入等企业发展所需的关键资源。国有企业是政府发展辖区内经济、完成上级分配的经济发展任务的主要依赖对象。政府出于经济发展的目的，对辖区内的企业进行针对性的扶持、保护，倾斜大量资源，尤其是当国有企业面临发展困境时，"帮助之手"尤为显著。Kornai（1979）研究社会主义国家的资源短缺问题时发现，当社会主义国家的国有企业经营出现问题时，政府会对国有企业施以帮助，帮助的形式多种多样，包括补贴、价格倾斜、信用扶持等。Dewatripont 等（1995）也得到类似的结论。黄孟复（2007）在《中国民营企业自主创新调查》一书中指出，政府官员手中掌握的稀缺资源会有限分配给国有企业。潘红波等（2011）研究认为相比于民营企业，国有企业获得的政府支持较多。

但是政府对企业的影响远不止"仁慈父亲"的"帮助之手"，政府对于企业的"掠夺之手"可能"掏空"国有企业。政府对于企业 VS "掠夺之手"，可以从政府和政府官员两个层面分析其目的。首先，从政府层面来看，政府的目的主要是完成地方发展的政策性目标，包括经济发展、保障就业率、社会和谐稳定、保障养老等；财政分权改革后，各级政府承担着很多任务，这些任务的完成需要依赖辖区内的经济发展主体，即企业，尤其是国有企业，所以政府会将这些政策性目标分摊到国有企业中（潘红波 等，2008）。其次，从政府官员角度来看，政府机构中也存在着委托代理关系，官员是政府职能的行使者，在"经济人"假说的条件下，其行为目标是自身利益最大化。本书认为政府官员作为"政治人"，政治身份决定其所掌握、控制的资源，以及其获得的权力和利益，所以对于政府官员而言，其政治身份的提高是其目标所在。目前，我国对于官员的选拔和提升由原先单纯的政治指标变成了现在以地区经济发展，即地方 GDP 增长率为核心的经济绩效指标，官员之间开展了激烈的围绕 GDP 增长率的政治晋升锦标赛（Li et al.，2005；周黎安，2007）。

二、政府干预的调节作用分析与假设提出

自改革开放以来，随着国有企业改革的深入，国有企业高管的激励制度改革也在不断深化，国有企业高管的身份也从最先的行政治理阶段的国家干部，逐步转变为现代企业制度下的职业经理人。但是不管如何转型、转型的阶段如何，目前而言，国有企业经理人制度仍受到政府的干预，而且干预持续存在。政府对于所辖国有企业具有选择权和薪酬制定权，国有企业高管的管理制度仍具有较浓厚的行政色彩。在此条件下，国有企业高管为了获得晋升，需要一定程度上满足上级政府的要求。

根据前文现实分析和文献梳理，我们发现从职业路径来看，国有企业高管为了能在任期内获得晋升，会选择短期能够获得效益的项目，而创新投资具有较高的信息风险、资金风险和经济风险，且回报周期较长，故国有企业高管作为"政治人"身份突出的企业经营者，出于个人政治晋升的追求、个人能力的考核的需要，可能会放弃风险高的创新投资项目，从而存在挤出效应。国有企业会倾向于完成非经济的政策性目标，以及地区生产总值增长目标，这些目标会让企业承担政府政策性负担，包括保护环境、雇佣冗员等，同时还可能会让企业倾向于投入短期能创造 GDP 的项目中，所有这些非生产性的行为、短期行为都会占用企业有限的资源，挤出对创新活动的投入。

政府干预较为严重的地区，国有企业高管的自主经营权力逐步减弱，企业经营决策会更多地体现政府目标，即国有企业需要承担地方 GDP 增长、保障就业率、社会和谐稳定、保障养老等多重目标。在政府干预较为严重时，国有企业高管为了获得晋升，更需要完成上级主管政府和政府官员分配的任务，同时需要与上级主管政府和政府官员保持较好的关系，如此便会挤压企业创新投资所需的资源。

就创新投资而言，当政府干预较强时，国有企业一方面有较少的资源能够投入创新活动中；另一方面，由于受到政府"庇护"，也较少需要进行如此高风险的活动。

另外，目前，在国家大力的倡导和支持下，国企高管为了表达政治忠诚度，可能会顺应政策要求提高创新投资的比例、提升创新的能力，进而存在一个激励效应。在政府干预较强的情况下，政府会加大对企业的资源倾斜，类似于政府补贴、税收优惠等，国有企业有可能会提高创新的投入。本书在检验时会剔除企业受到的政府补助，单纯地考察企业自身的创新投入。本书认为即便是政府干预提高，政府的"帮助"的程度提高，企业自身的创新投入还是会被挤压。

综合以上分析，我国经济脱胎于社会主义计划经济体制，虽然经历了四十余年的改革开放，政府对经济仍有很大的影响。对于国有企业而言，政府的行政管理地位为政府干预提供了可行性，而政府所拥有的关键性资源可以为国有企业提供帮助。

当政府干预加重时，国有企业高管为了获得政治晋升，更愿意与政府建立关系，更愿意去承担政策性负担。当然与政府关系密切，也会获得政府资源的倾斜。然而，就创新投资而言，其周期长、风险高、回报不确定，企业自有资金的投入应该会减少。

故基于以上分析，本书提出假设 2：政府干预越强，国有企业高管晋升对国有企业创新投资的抑制作用越明显。

第二节　研究设计

为了验证本书提出的假设 2，本节首先对核心概念"政府干预"进行定义和测量，并设计实证模型进行验证。其次，本书通过改变核心变量测量方式、区分不同职位样本、考虑高管背景特征等角度进行稳健性检验，以提高研究结论的可靠性。

一、政府干预定义与测度

目前，地区政府干预的衡量指标主要有直接衡量和间接衡量两种。直接衡量主要是采用樊纲、王小鲁所构建的市场化进程指数的细分指标"政府与市场关系指数"进行衡量（王珏 等，2015；李延喜 等，2015；赵静 等，2014；贺炎林 等，2014；王凤荣，2012；蔡地 等，2011；张洪辉，2010）。白俊等（2014）采用企业承担的政策性负担作为政府干预的代理变量，代理变量能够直接反映政府干预，但是其最终采用"最优资本密集程度的偏离"衡量政策性负担的承担，认为企业如果承担较多政策负担，其资本密集程度会偏离最优密集程度，这种衡量方式并不直接。间接衡量方法主要从政府干预动机的强弱来判断干预的强弱，学者们认为当地区财政赤字越严重、失业率越高、地区财政支出占地区 GDP 比重越高时，地区政府就越有干预企业活动的动机，进而该地区政府的干预程度也会越高（曹春方 等，2014；孙婷 等，2011）。另外，针对国有控股企业，学者们还采用国有股比例和法人股比例之和（李善民 等，2006）、国有企业实际控制人类型来衡量（唐雪松 等，2010；钟海燕 等，2010；黄兴孪 等，2009），该种度量方法认为国有控股比例越高政府干预的能力越强，地方控股国有企业比中央直属国有企业受到的政府干预要强。

表 5.1　变量定义

变量名称	变量符号	变量定义
创新投资	RD$_t$	RD_1，t 年末研发投资的自然对数 RD_2，t 年末研发投入/主营业务收入 RD_3，t 年末（研发投入-补贴收入）/主营业务收入
晋升激励	IFPro	虚拟变量，晋升为1；其他为0
政府干预	Intervention	Intervention_1，减少政府干预 Intervention_2，财政支出/GDP Intervention_3，最终控制人性质，中央国资委控股赋值为1，部委控股赋值为2，省级地方国资委控股赋值为3，县市级地方国资委赋值为4

资料来源：笔者研究整理。

直接度量法中樊纲指数的"政府与市场关系指数"细分指标包括：①市场分配经济资源的比重（财政支出占当地 GDP 的比重）；② 减轻农村居民的税费负担；③减少政府对企业的干预；④减轻企业的税外负担（企业负担的收费、摊派等占销售收入的比例）；⑤缩小政府规模（国家机关党政机关和社会团体年底职工人数占本省总人口之比）。目前学者处理方法主要有三种：第一，考虑到外部环境相对稳定，用最近年份的数据代替缺失年份的数据（夏立军 等，2005；王彦超 等，2008；李延喜 等，2015）；第二，用已有年份数据的平均值代替缺失年份的数据（刘志远 等，2009）；第三，考虑外部环境持续性发展，根据已有年份数据，本书通过线性回归等方式估计缺失年份的数据（徐光伟 等，2010）。

本书综合以上分析，采取多种指标相结合的方式衡量政府干预。直接衡量方法利用樊纲指数衡量政府干预，研究的数据范围是 2007—2015 年，2015 年之后参照李延喜等（2015）的做法，采用 2014 年的数据代替。在稳健性检验时，本书采用间接衡量的方式，指标包括财政支出/GDP、细分最终控制人类型。

二、模型设计

为了检验政府干预对上述关系的影响，本书构造了政府干预与晋升激励的交叉乘积项，建立了如下所示的模型 5.1，模型 5.1 中包括自变量 IFPro，调节变量 Intervention，交叉乘积项 IFPro ∗ Intervention，以及与第四章类似的各个控制变量。

$$RD = \alpha + \beta * IFPro + \delta * Intervention + \lambda * IFPro * Intervention +$$
$$\gamma * Control + \varepsilon \qquad (5.1)$$

第三节 实证模型检验与结果分析

在本部分，本书首先通过调节效应检验模型检验假设 2，并在此基础上区分不同职位高管、考虑高管背景特征，以及通过改变核心变量测量方式对研究假设进行进一步分析和稳健性检验。

一、假设检验

表 5.2 为政府干预对国有企业高管晋升激励与创新投资关系影响的回归结果。所有回归都是基于模型 5.1，通过构造晋升激励与政府干预的交叉乘积项（IFPro * Intervention_1）检验政府干预的调节影响。其中（1）（3）列仅控制年度和行业虚拟变量，（2）（4）列控制了相关控制变量，以及年度和行业虚拟变量。（1）（2）列是以创新投资决策，即研发投入的自然对数为被解释变量，（3）（4）列是以创新投资强度，即研发投入与主营收入的比值为被解释变量。以樊纲指数中的"政府与市场的关系"作为政府干预的代理变量，数值越大，说明政府干预的程度越低。回归结果显示，Intervention_1 与创新投资之间有显著的正向关系，说明政府干预水平越低，国有企业创新投入越多；另外，IFPro * Intervention_1 的系数显著为正，而 IFPro 的系数与直接影响中的方向一致，显著为负。根据调节效应模型，Intervention_1、IFPro 对企业创新投资有显著的抑制作用，即政府干预程度越高，国有企业高管晋升激励对创新投资的抑制作用越强。

表 5.2　政府干预影响的回归结果

变量	（1）RD_1	（2）RD_1	（3）RD_2	（4）RD_2
Constant	8.685 1 ***	−0.819 4	0.002 3 ***	0.014 9 ***
	(21.555 7)	(−0.716 2)	(3.715 1)	(8.697 7)
IFPro	−6.101 6 ***	−6.362 2 ***	−0.009 9 ***	0.010 5 ***
	(−9.037 8)	(−9.593 9)	(−9.577 4)	(10.595 6)
Intervention_1	0.699 8 ***	0.664 0 ***	0.000 2 ***	0.000 2 ***
	(19.164 2)	(18.101 6)	(3.345 2)	(3.164 0)
IFPro * Intervention_1	0.507 1 ***	0.541 9 ***	0.000 7 ***	0.000 8 ***
	(5.563 0)	(6.054 1)	(5.132 2)	(5.810 0)
Lev		−2.572 3 ***		−0.007 4 ***
		(−7.916 1)		(−15.151 0)
Size		0.453 4 ***		−0.000 3 ***
		(9.178 2)		(−4.521 6)
TobinQ		0.192 9 ***		0.000 4 ***
		(4.428 8)		(6.398 5)
ROA		−3.599 1 ***		−0.004 5 ***
		(−3.163 3)		(−2.649 6)

表5.2(续)

变量	(1) RD_1	(2) RD_1	(3) RD_2	(4) RD_2
Cash		−0.022 5***		−0.000 0***
		(−6.174 2)		(−4.526 8)
Tax		−10.387 3***		−0.013 7***
		(−7.841 4)		(−6.877 3)
Age		0.128 8***		−0.000 1***
		(11.266 0)		(−3.782 1)
EquiStru		−0.006 4***		−0.000 0***
		(−3.892 8)		(−6.683 3)
Boardsize		−0.269 2***		−0.000 3***
		(−8.780 0)		(−7.557 7)
IndeDire		0.117 7***		0.000 2***
		(3.579 4)		(3.466 0)
BoardShare		0.608 0***		0.001 3***
		(8.908 5)		(13.138 9)
AMD		−0.019 8**		−0.000 0
		(−1.963 4)		(−0.764 4)
TAT		0.427 4***		−0.002 0***
		(3.444 2)		(−10.510 0)
Year	Control	Control	Control	Control
Industry	Control	Control	Control	Control
r2_a	0.184	0.215	0.122	0.192
F	142.8	107.1	88.02	93.19

资料来源：笔者根据实证研究结果整理。

二、稳健性检验

(一) 更换核心变量衡量方法的检验

前文分析中指出，在政府干预较强的情况下，政府对企业的资源倾斜可能会提高，类似于政府补贴、税收优惠等，因此国有企业有能会提高创新的投入。本书在检验时会剔除企业所受到的政府补助，单纯地考察企业自身的创新投入，以（研发投入−补贴收入）/主营业务收入作为 RD_1 和 RD_2 的替代衡量方法，(5) (6) 列即以（研发投入−补贴收入）/主营业务收入作为因变量的回归结果。结果显示，Intervention_1 与 RD 3 之间的系数为正，Intervention_1 为樊纲指数中的"政府与市场的关系"，数值越大则表明政府干预越弱，Intervention_1 与 RD_3 之间的系数为正，表示政府干预越弱，国有企业创新投资越高。IFPro * Intervention_1 与 RD_3 之间的系数为正，说明政府干预越弱国有企业高管晋升对企业创新投资的抑制作用越弱。

表 5.3　更换创新投资衡量方法的回归结果

变量	(5) RD_3	(6) RD_3
Constant	−59.057 2***	−0.050 8***
	(−4.788 6)	(−12.272 6)
IFPro	−3.454 4***	−0.011 1***
	(−4.650 7)	(−4.640 9)
Intervention_1		0.000 1
		(0.618 5)
IFPro * Intervention_1		0.000 9***
		(2.684 0)
Lev	−12.060 7***	−0.015 5***
	(−7.974 8)	(−13.146 5)
Size	3.503 4***	0.001 4***
	(15.965 8)	(7.956 7)
TobinQ	1.569 1***	0.000 7***
	(7.672 8)	(4.461 4)
ROA	−4.690 0	−0.020 1***
	(−0.874 9)	(−4.895 3)
Cash	−0.010 1	−0.000 1***
	(−0.604 2)	(−5.100 1)
Tax	−50.125 1***	−0.012 3**
	(−7.850 9)	(−2.571 3)
Age	−0.016 9	−0.000 1***
	(−0.327 3)	(−3.394 9)
EquiStru	−0.015 8**	−0.000 0***
	(−2.000 0)	(−2.916 3)
Boardsize	−1.081 9***	−0.000 1
	(−7.835 3)	(−1.114 4)
IndeDire	0.585 3***	−0.000 4***
	(3.992 1)	(−3.259 9)

表5.3(续)

变量	(5) RD_3	(6) RD_3
BoardShare	1.705 3 *** (6.628 1)	0.001 2 *** (4.800 7)
AMD	0.332 0 *** (7.509 0)	0.000 2 *** (6.257 1)
TAT	3.523 8 *** (6.091 6)	0.006 9 *** (15.425 3)
Year	Control	Control
Industry	Control	Control
Adj_R^2	0.108	0.084 3
F	65.60	36.69

资料来源：笔者根据实证研究结果整理。

另外，有学者认为地区财政支出占 GDP 比重较高时，地区政府就越有干预企业活动的动机，进而该地区政府干预程度也会加强（曹春方 等，2014；孙婷 等，2011），还有学者认为国有控股比例越高政府干预的能力越强，地方控股国有企业比中央直属国有企业受到的政府干预要大（唐雪松 等，2010；钟海燕 等，2010；黄兴孪 等，2009）。因此本书用地区财政支出占 GDP 比重、最终控制人性质作为政府干预变量的替代衡量方法。（7）（8）列分别是以研发投入的对数和研发投入/主营业务收入为因变量，地区财政支出/GDP（Intervention_2）为自变量；（9）（10）列分别是以研发投入的对数和研发投入/主营业务收入为因变量，以及最终控制人性质（Intervention_3）的回归结果，其中中央国资委控股赋值为 1，部委控股赋值为 2，省级地方国资委控股赋值为 3，县市级地方国资委赋值为 4。可见，Intervention_2 和 Intervention_3 数值越大，政府干预的程度越高。（7）～（10）列的研究结果表明 Intervention_2 和 Intervention_3 与 RD_1、RD_2 之间的回归系数显著为负，即政府干预程度越高，国有企业的创新投入越低。IFPro ∗ Intervention_2 和 IFPro ∗ Intervention_3 与 RD_1、RD_2 之间的回归系数显著为负，说明政府干预程度越高，越会加重国有企业高管晋升激励对创新投资的抑制作用。研究结果（表 5.4）与前文一致，验证了本书假设 2 的稳健性。

表 5.4　更换政府干预衡量方法的回归结果

变量	(7) RD_1	(8) RD_1	(9) RD_2	(10) RD_2
Constant	−31.989 4 *** (−26.011 6)	−0.842 9 (−1.336 8)	−0.033 3 *** (−7.372 8)	−0.019 8 ** (−2.086 8)
IFPro	−0.482 2 (−0.863 1)	0.042 1 (0.295 6)	−0.002 7 (−1.460 6)	−0.003 5 *** (−3.344 2)
Intervention_2	−3.169 3 *** (−2.973 4)		−0.008 2 ** (−2.444 1)	
IFPro ∗ Intervention_2	−6.134 5 ** (−2.005 5)		−0.018 8 * (−1.936 2)	
Intervention_3		−0.331 6 *** (−10.019 0)		−0.000 5 *** (−2.889 1)
IFPro ∗ Intervention_3		−0.136 8 (−1.539 7)		0.000 9 ** (2.005 6)
Lev	−4.040 0 *** (−12.771 6)	−0.990 0 *** (−9.637 4)	0.012 0 *** (10.277 7)	−0.014 6 *** (−14.600 1)
Size	1.662 4 *** (36.198 9)	0.841 3 *** (53.532 5)	0.001 8 *** (10.802 2)	0.000 3 ** (2.022 0)
TobinQ	0.379 8 *** (8.915 8)	0.016 6 (1.147 2)	0.001 1 *** (6.845 1)	0.000 4 *** (3.280 6)
ROA	−2.963 7 *** (−2.634 5)	4.364 7 *** (11.908 4)	0.015 9 *** (3.831 9)	0.008 7 ** (2.416 7)
Cash	−0.010 6 *** (−3.007 6)	0.001 2 (1.176 9)	0.000 0 * (1.790 4)	−0.000 0 *** (−2.981 0)
Tax	−25.766 7 *** (−19.181 4)	−9.447 1 *** (−18.691 7)	−0.077 6 *** (−15.760 4)	−0.077 6 *** (−18.708 3)
Age	0.168 3 *** (15.538 7)	−0.011 6 *** (−3.692 4)	0.000 2 *** (4.355 5)	−0.000 2 *** (−6.708 7)
EquiStru	−0.013 2 *** (−7.942 7)	−0.003 7 *** (−6.907 7)	−0.000 0 *** (−5.819 3)	−0.000 0 *** (−6.778 8)
Boardsize	−0.634 6 *** (−21.786 8)	−0.005 5 (−0.631 7)	−0.001 3 *** (−12.577 4)	−0.000 8 *** (−9.700 7)
IndeDire	0.375 3 *** (12.100 3)	0.014 7 * (1.676 6)	0.000 9 *** (8.094 5)	0.000 7 *** (7.815 0)
BoardShare	0.715 2 *** (13.451 5)	0.076 6 *** (5.700 0)	0.002 1 *** (10.336 3)	0.001 1 *** (7.563 2)
AMD	0.038 9 *** (4.158 1)	0.007 0 *** (2.819 9)	0.000 1 *** (3.287 1)	0.000 1 *** (4.217 4)

表5.4(续)

变量	(7) RD_1	(8) RD_1	(9) RD_2	(10) RD_2
TAT	0.108 5 (0.894 8)	0.291 6*** (7.777 7)	0.001 6*** (3.666 6)	−0.006 2*** (−16.187 5)
Year	Control	Control	Control	Control
Industry	Control	Control	Control	Control
Adj_R^2	0.367	0.466	0.209	0.312
F	280.7	201.3	134.2	109.1

资料来源：笔者根据实证研究结果整理。

（二）区分高管职位的检验

与前文一致，国有企业的重要职位包括董事长、总经理、党委书记，不同职位的不同岗位目标可能影响研究结果的稳健性。因此，本书在检验政府干预的影响时，也将全部样本分为董事长、总经理、党委书记三类样本，进一步检验政府干预对国有企业中不同职位高管晋升激励与创新投资之间关系的影响，回归结果如表5.5所示。其中（11）（12）列是高管担任董事长一职的样本，（13）（14）列是总经理样本，（15）（16）列是党委书记样本。由于在上市公司年报中党委书记并不是规定必须披露的，也有部分样本党委书记并未披露，故本书中高管担任党委书记一职的样本并不是全部，仅为在年报中披露、在数据库中出现的党委书记的样本。

从研究结果可以看出，加入政府干预这一调节变量之后，高管担任董事长、总经理的样本回归的结果并未发生实质性变化，IFPro 与创新投资之间的回归系数显著为负，政府干预（Intervention_1：樊纲指数）与创新投资之间的关系显著为正，IFPro * Intervention_1 与创新投资之间的回归系数显著为正。这说明国有企业高管晋升激励对企业创新投资的抑制作用越强，政府干预程度越高对国有企业创新投资的抑制作用越强，同时政府干预程度越高，越会加强国有企业高管晋升激励对创新投资的抑制作用，与本书的假设1和假设2一致。但是高管担任党委书记一职的样本回归结果中，IFPro 与创新投资之间的回归系数显著为负，政府干预（Intervention_1）与创新投资之间无明显关系，IFPro * Intervention 与创新投资之间的回归系数在列（15）中显著为正。可见对于国有企业党委书记而言，其晋升激励对创新投资有显著负相关性，政府干预对其行为有影响，但是影响较弱。

可能因为本书搜集到的党委书记数据有限，并非全部样本，所以检验结果有可能存在偏差。由于本书并非主要针对某一类职务的样本的研究，党委书记样本缺失的问题可以在后续研究中弥补。

表 5.5　不同高管身份的稳健性检验

变量	董事长		总经理		党委书记	
	(11)	(12)	(13)	(14)	(15)	(16)
	RD_1	RD_2	RD_1	RD_2	RD_1	RD_2
Constant	1.339 6	0.015 4***	−0.669 9	0.015 3***	−35.763 3***	0.002 6
	(0.827 0)	(6.282 4)	(−0.417 3)	(6.417 4)	(−6.099 5)	(0.436 2)
IFPro	−5.489 6***	−0.010 9***	−6.608 9***	−0.010 6***	−6.485 5***	−0.006 7***
	(−5.626 3)	(−7.406 8)	(−7.148 1)	(−7.669 1)	(−2.658 2)	(−2.723 3)
Interven_1	0.668 5***	0.000 1*	0.658 5***	0.000 2***	−0.206 5	0.000 2
	(12.916 6)	(1.904 9)	(12.711 0)	(2.590 7)	(−1.439 6)	(1.415 2)
IFPro * Interven_1	0.403 1***	0.000 8***	0.576 4***	0.000 8***	0.660 3*	0.000 5
	(3.049 4)	(3.867 5)	(4.646 8)	(4.322 9)	(1.932 5)	(1.313 8)
Lev	−2.785 2***	−0.007 8***	−2.596 9***	−0.006 8***	−4.223 5**	−0.008 2***
	(−5.990 2)	(−11.173 3)	(−5.734 5)	(−10.045 3)	(−2.522 4)	(−4.874 0)
Size	0.395 5***	−0.000 3***	0.437 8***	−0.000 4***	1.834 2***	0.000 1
	(5.653 5)	(−3.295 6)	(6.316 4)	(−3.598 5)	(6.764 0)	(0.368 1)
TobinQ	0.178 0***	0.000 4***	0.173 2***	0.000 4***	0.010 9	−0.000 0
	(2.873 1)	(3.957 5)	(2.859 5)	(4.230 3)	(0.047 9)	(−0.040 2)
ROA	−3.941 6**	−0.005 3**	−2.490 5	−0.002 6	−5.474 9	−0.004 6
	(−2.439 0)	(−2.167 1)	(−1.569 3)	(−1.106 3)	(−1.019 3)	(−0.844 4)
Cash	−0.020 0***	−0.000 0***	−0.018 9***	−0.000 0***	−0.047 0***	−0.000 0
	(−3.856 5)	(−3.141 3)	(−3.706 5)	(−2.644 8)	(−2.744 6)	(−1.027 9)
Tax	−10.075 4***	−0.013 2***	−11.301 7***	−0.014 5***	−17.162 8**	−0.014 3*
	(−5.369 0)	(−4.669 2)	(−6.168 0)	(−5.294 8)	(−2.320 8)	(−1.919 5)
Age	0.133 7***	−0.000 0	0.121 1***	−0.000 1***	0.293 3***	0.000 1*
	(8.210 1)	(−0.979 4)	(7.609 0)	(−3.635 7)	(4.920 8)	(1.664 7)
EquiStru	−0.006 2***	−0.000 0***	−0.005 7**	−0.000 0***	−0.017 4**	−0.000 0***
	(−2.613 0)	(−4.651 3)	(−2.427 2)	(−3.946 6)	(−2.158 3)	(−3.492 9)
Boardsize	−0.302 1***	−0.000 4***	−0.240 6***	−0.000 3***	−0.300 7**	−0.000 3*
	(−7.011 8)	(−5.762 1)	(−5.594 0)	(−4.408 5)	(−2.162 0)	(−1.933 7)
IndeDire	0.110 6**	0.000 2**	0.122 1***	0.000 2**	−0.179 5	0.000 0
	(2.333 3)	(2.116 3)	(2.677 9)	(2.514 4)	(−1.102 1)	(0.304 1)

表5.5(续)

变量	董事长		总经理		党委书记	
	(11)	(12)	(13)	(14)	(15)	(16)
	RD_1	RD_2	RD_1	RD_2	RD_1	RD_2
BoardShare	0.586 4***	0.001 1***	0.528 3***	0.001 4***	0.427 1	0.000 4
	(6.467 3)	(8.260 6)	(5.287 8)	(9.400 5)	(0.808 8)	(0.710 3)
AMD	-0.019 6	-0.000 0	-0.013 3	0.000 0	0.000 3	-0.000 0
	(-1.359 4)	(-1.318 6)	(-0.944 8)	(0.668 0)	(0.006 0)	(-0.082 0)
TAT	0.257 7	-0.002 1***	0.330 7*	-0.002 0***	1.575 2***	-0.001 4***
	(1.449 3)	(-7.680 9)	(1.892 6)	(-7.595 5)	(3.043 6)	(-2.756 0)
Year	Control	Control	Control	Control	Control	Control
Industry	Control	Control	Control	Control	Control	Control
r2_a	0.208	0.196	0.207	0.183	0.261	0.170
F	50.75	47.24	53.00	45.78	8.524	5.368

资料来源：笔者根据实证研究结果整理。

（三）考虑高管背景特征的检验

与前文一致，本书参照杨瑞龙等（2013）、郑志刚等（2014）的做法，在回归时考虑高管的年龄、性别、教育背景、任期等高管特征因素，在模型中引入高管年龄、性别、教育背景、任期，以及任期的平方等特征变量，实证结果如表5.6所示。结果表明，控制了国有企业高管的特征之后，结果无实质性变化，研究结果稳健。

表5.6 考虑高管背景特征的稳健性检验

变量	(1) RD_1	(2) RD_2
Constant	3.242 7*	0.019 0***
	(1.955 2)	(6.920 6)
IFPro	-4.317 8***	-0.008 9***
	(-4.707 5)	(-5.882 8)
Interven_1	0.217 5*	0.000 5**
	(1.741 0)	(2.455 9)
IFPro * Interven_1	0.748 7***	0.000 2***
	(14.748 9)	(2.745 0)
Execu_Age	0.034 2**	0.000 1***
	(2.447 0)	(4.191 9)

表5.6(续)

变量	（1） RD_1	（2） RD_2
Execu_Sex	−0.460 1	0.001 0
	（−1.114 7）	（1.520 2）
Execu_Ten	0.388 1***	0.000 6***
	（5.381 5）	（4.959 3）
Execu_Ten_Squ	−0.009 0	−0.000 0
	（−1.449 6）	（−0.523 1）
Execu_Edu	0.032 6	0.000 8***
	（0.294 4）	（4.173 7）
Lev	−2.760 9***	−0.008 8***
	（−6.095 4）	（−11.781 4）
Size	0.291 4***	−0.000 8***
	（4.290 0）	（−6.916 0）
TobinQ	0.199 6***	0.000 5***
	（3.401 8）	（5.317 9）
ROA	−4.423 0***	−0.004 9*
	（−2.758 9）	（−1.832 0）
Cash	−0.028 9***	−0.000 0***
	（−5.498 3）	（−4.012 0）
Tax	−11.346 0***	−0.023 5***
	（−6.184 8）	（−7.741 4）
Age	0.046 3***	−0.000 3***
	（2.937 3）	（−9.826 9）
EquiStru	−0.001 9	−0.000 0***
	（−0.779 1）	（−3.914 9）
Boardsize	−0.257 5***	−0.000 4***
	（−6.061 6）	（−5.075 4）
IndeDire	0.117 1**	0.000 3***
	（2.479 8）	（3.589 6）
BoardShare	0.445 4***	0.001 0***
	（6.011 6）	（8.055 2）
AMD	−0.013 7	0.000 0
	（−0.980 9）	（0.829 9）
TAT	−0.023 4	−0.003 1***
	（−0.132 1）	（−10.659 3）

表5.6(续)

变量	(1) RD_1	(2) RD_2
Year	Control	Control
Industry	Control	Control
r2_a	0.248	0.256
F	58.03	60.44

资料来源：笔者根据实证研究结果整理。

第四节　研究结论

在第四章研究国有企业晋升激励对创新投资影响的基础上，本章主要通过逻辑推演和实证检验的方式进一步研究政治干预对国有企业晋升激励与创新投资之间关系的影响，验证了本书的假设2。

一、本章主要内容

美国著名经济学家 North 于 1990 年在《制度、制度变迁与经济绩效》中对"制度环境"与"经济行为""经济结果"之间的关系进行了探讨以后，众多学者针对治理环境（制度环境）对组织行为的影响进行了深入的探讨。在制度环境，或是治理环境中，政府干预对于企业而言是很重要的一个因素。政府与市场之间的关系一直是经济学讨论的重点话题。古典经济学认为"市场"有一只"看不见的手"通过自我调节可以解决一切问题，政府需要"无为而治"，只要做好"守夜人"即可（Smith，1776）。但是 Keynes（1936）则认为市场有失灵的时候，需要政府这只"看得见的手"调整个人的自利行为，关心弱势群体，实现经济增长和充分就业。我国是市场机制和行政治理相结合的市场运行机制，政府在市场经济中对于企业有很强的干预动机和干预能力，因此政府干预程度的强弱是企业生存发展、个体决策的重要环境因素之一。

在此基础上，本书通过理论逻辑推演和实证检验的方式研究政府干预的影响。在理论逻辑推演时，本书首先对政府干预的现有研究进行回顾和分析。有学者认为，政府干预或政府规制是政府为了矫正和改善"市场失灵"，干预、干涉特别是企业在内的各种经济主体的活动。在我国，政府干预通过宏观调控、微观管理和政府中立的管制对国有企业的经营产生影响。在国有企业普遍存在"行政干预下的内部人控制"的情形下，政府作为国有企业资产的委托者，如果对国有企业进行适度的干预，对国有企业高管的行为进行监督，那么能够制约企业高管的自利行为（钟海燕 等，2010；白俊 等，2014），完善股东的监督管理职能，促进企业的健康成长。在文献回顾之后，本书分析政府干预对国有企业晋升激励与创新投资之间关系的影响，并提出研究假设。当政府干预加重时，国有企业高管为了获得政治晋升，更愿意与政府建立关系，甚至达成共谋，更愿意去承担政策性负担。当然与政府关系密切，也会获得政府资源的倾斜。然而，就创新投资而言，其周期长、风险高、回报不确定，企业自有资金的投入应该会减少。

在实证研究时，本书首先梳理了政府干预的定义和测量方法，确定了以樊纲指数中的"政府与市场的关系"作为衡量政府干预的主要方法，并以财政支出/GDP、细分最终控制人类型作为稳健性检验的替代衡量方法。其次，构造晋升激励与政府干预的交叉乘积项，检验政府干预的调节作用，并通过改变核心变量测量方式、区分不同职位样本、考虑高管背景特征等角度进行稳健性检验，以提高研究结论的可靠性。

二、本章主要结论

通过逻辑推演和实证检验，本书得出了以下结论。

第一，政治干预的加强会加重国有企业高管晋升激励对创新投资的抑制作用。目前，随着改革开放、国有企业改革的深入，国有企业逐步获得了经营自主权。然而，由于我国市场机制、公司内外部治理制度尚未成熟，国有企业内部人控制现象较为严重。经过多年的改革创新，我国国有企业形成了"行政干预下的内部人控制"的管理现状。"内部人控制"在本书中体现在高管为了获得晋升能够抑制企业的创新决策，"行政干预"体现在我国政府能够通过宏观调控、微观管理和政府中立的管制对国有企业的经营产生影响。具体到本书中，政府干预会加重国有企业高管晋升激励对创新投资的抑制作用。

第二，从提高晋升激励的有效性来看，政府干预的减弱能够有效缓解晋升激励对创新投资的抑制作用。但是 Keynes（1936）则认为市场有失灵的时候，需要政府这只"看得见的手"调整个人的自利行为，关心弱势群体，实现经济增长和充分就业。现实中，政府干预的存在对于市场资源的有效配置起到了重要作用，当市场失衡、资源分配不合理时，适当的政府干预是必要的。然而，过度的政府干预，会造成效率的损失。我们需要减少过度的、不合理的政府干预，尤其是需要杜绝政府行政干预被作为政府官员追求个人利益的手段的情况。从本书的研究内容和结果看，政府干预的减弱，能够有效缓解晋升激励对创新投资的抑制作用，即政府干预的缓解能够提高政治晋升激励的有效性。

第六章　法治水平、晋升激励与创新投资

完善的法律制度能对投资者的合法权利的保障起到至关重要的作用。对于国有企业而言，国有企业资产所有权归全国人民，由全国人民代表大会代为管理，这是初始委托，全国人民代表大会又委托给国务院下属国有资产监督管理委员会代为管理，最后委托到企业，企业的经营者是最终的代理人。其委托层级过多，所有者对于经理人的监督管理不到位，导致国有资产流失的问题比比皆是。因此法治水平是企业治理环境的重要内容之一。越来越多的研究也表明，法治水平对于宏观经济、微观企业的影响十分显著（North，1990；La Porta et al.，2006）。本章将从法治水平的角度探讨晋升激励与国有企业创新投资的问题。

第一节　研究假设的提出

本节基于文献回顾分析法治水平对宏观经济以及微观企业经济的影响，并在此基础上从法治水平对高管行为的规范、对政企关系的规范两方面，分析法治水平对晋升激励与国有企业创新投资关系的影响，进而提出研究假设。

一、法治水平影响的研究回顾

国家的法律制度、执法水平等法治环境因素对于国家的各个经济主体的管理决策、经营决策、经营成果，以及个体的行为动机、行为决策等都有直接的影响。任何组织、个人如果想较好地经营和持久地发展，其行为

必须符合所属区域内既定的法律构架。自美国著名经济学家 North 于 1990 年《制度、制度变迁与经济绩效》一文中首先探索了"法与金融"对经济行为的影响以来，学者纷纷针对不同的区域、不同的制度因素对不同的经济主体的影响进行了探讨。La Porta（2006）等人的一系列研究将法律机制、产权保护机制作为制度因素的代理变量，探讨"法与金融"对资本市场、企业价值的影响。他们假设一个国家中所有的公司面临的法治水平是一致的、无差异的。但是他们的假设只适用于国家地理区域比较小，或者是经济、政治、法律和社会发展水平等因素相对平均、不存在较大的差异的国家。这样的假设对于幅员辽阔、地理区域差别迥异的我国就不太合理。

中华人民共和国成立以来一直致力于建设社会主义法治国家，各类刑法、民法、经济法等法律逐步完善。目前，我国整体的立法已经达到较高水平，但是执法力度较弱。同时，我国由于分行政区域治理，在行政治理上划分为 34 个省级行政区，在我国整体法律框架下，由于地理位置不同、区域的资源禀赋不同、国家对于各地区的发展政策要求不同，各行政区域在相关配套政策、执行方式、执行力度上都存在差异，因此我国各个行政区域内的法律治理环境存在较大的差异。如此便为我们研究不同法治水平下国有企业高管晋升激励行为对企业决策、经营结果影响提供了有利的条件。

目前，已有很多学者就法治水平与经济发展过程中的各种经济现象做了探讨。从宏观经济层面，LLSV（1998）研究发现，不同法律起源的地区，社会经济结果不同、经济效益不同，普通法系对于投资者的保护最充分，经济效益最好，德国法系次之，法国法系最差。卢峰等（2004）认为提高法治水平会限制金融资源的流动，抑制经济水平的提高。皮天雷（2010）对 1995—2005 年中国省级单位的政府行为和法治水平对地区金融发展的影响进行了研究，发现法治水平的提高能够促进地区金融的发展，而政府干预会对该效应产生一定的挤出，甚至是替代。刘煜辉等（2013）研究认为，地区法治水平与地区银行体系的信贷风险有直接关系，有效的产权保护能够遏制地区逃废金融债务和信用诈骗。

从微观企业层面，有学者研究法治水平与企业融资、企业公司治理、投资效率，以及经理人市场的关系。从企业融资的角度，Jappelli 等（2005）研究认为提高司法效率能够减少契约的执行成本，且违约成本增加，减少了机会主义行为，进而减少企业的信贷约束。Qian 等（2007）研究证实，产权保护、债权人权利保护和司法质量等与银行贷款期限正相关。Demirguc 等（1996）研究证实，产权保护越好的国家，企业尤其是中小企业越容易获得贷款。还有学者从法治水平与公司治理关系的角度进行分析。王俊秋、张奇峰（2007）研究证明，在上市的家族企业中，法治水平越高的地区，大股东掏空行为发生的概率越低。吴育辉等（2011）认为对于投资者的保护程度越高，管理层的自利倾向和自利程度就会越低。Leuz 等（2003）研究发现加强投资者的保护，能够提高企业内部控制的水平，降低内部人获取私利的能力，减少内部人的盈余管理。刘志强等（2009）研究发现，投资者保护水平影响企业股利支付水平。有学者从法治水平与投资效率的角度分析了该问题。La Porta 等（2002）研究认为，当投资者的权利得到很好的保护时，企业的红利或利息能够较多地返还给投资者，内部人利用富余现金进行过度投资的行为得到控制。万良勇（2013）研究认为法治水平的提高能够有效提高企业的投资效率，以及企业投资的价值。戴治勇（2014）的研究认为法治对于承诺的可置信有提高作用，有助于基于第三方可验证信息的激励制度，以及基于主观信息的激励制度的实施，而且法治水平对于激励机制实施的作用大于信任的作用。还有学者认为，法治水平能够有效规制经理人市场，Defond 等（2004）研究发现，在执法水平较高的国家，公司绩效较差时，CEO 被解聘的可能性较大。

总结来看，从宏观经济的角度，有学者探讨了法治水平与金融发展水平、经济运行之间的关系；从微观企业经济的角度，有很多学者探讨了法治水平与企业融资、企业的投资效率、公司价值、公司绩效、盈余管理、股东掏空行为、高管激励等议题之间的关系。关于法治水平的影响研究，相关学者普遍认为，较高的法治水平主要体现在较高的"财产保护制度"和"契约维护制度"两方面。这两方面制度的完善能够提高地区金融发展水平，能够缓解企业融资约束；同时既能够提高企业投资效率、企业绩效，也能制约高管盈余管理的动机和行为，以及股东掏空行为，进而提高企业价值，提高高管薪酬与绩效之间的敏感性，完善企业高管声誉管理机制。

二、法治水平的调节作用分析与假设提出

至于法治水平对晋升激励与国有企业创新投资的影响，本书认为主要通过两个方面起作用：一是法治水平的提高可以提高信息的透明度、促进人才市场的完善，进而规范高管行为；二是法治水平的提高可以避免权钱勾结、贪污腐败等现象，进而规范政企关系。

（一）规范高管行为

在规范高管行为方面，较高的法治水平，即较高的"财产保护制度"和"契约维护制度"，首先，可以提高对股东财产的保障，规范高管侵占公司财产、利用公司财产为自身谋求利益的行为。国有企业存在链条较长的层层委托代理关系，国务院国资委是国有企业的出资人，代理全国人民行使股东权益。法治水平的提高，投资者保护水平的提高，能够加强对高管的监督，高管会导致企业受损的行为会受到监督和遏制，如高管的"急功近利"行为、利用企业资产进行私人关系搭建的行为等。

其次，国有企业高管与企业之间签订的契约是不完全契约，法治水平的提高、契约维护制度的完善，能够加强规范契约双方的责任、权利和义务，对契约双方的利益进行保护，当契约一方违反契约规定时能够有效地追究责任，避免双方的道德风险问题。国有企业高管晋升机制是国家宏观治理的重要方面，是国家了解宏观经济发展现状、治理国家经济、保障国家经济安全的重要手段，但是目前我国国有企业高管晋升激励并不像薪酬激励一样是通过明确的契约规定的，或是有明确的标准的，这就为国有企业高管、相关行政权力主管人员提供了可操作的空间，也助长了国有企业高管为了获得政治晋升而进行的一些损害企业利益的自利行为。当契约完善或是晋升规定更加完善的时候，国有企业高管的自利行为应该会得到遏制。

最后，国有企业高管任命从原先的行政任命制逐步改革为目前的行政任命和市场招聘相结合的方式。但是总体而言，国有企业高管所处的人力资源市场是一个相对封闭的内部市场，较高的法治水平能够带来更有效的人力资本市场，也能促进国有企业高管人力资本市场的开放、国有企业高管人力资本市场的有效性，以及声誉机制的完善（Kaplan et al., 1990）。在有效的人力资本市场、声誉机制的约束下，国有企业高管的自利行为会得到监督和控制。

同时，创新活动、知识产权等存在较强的外部性问题，如果没有对创新活动、创新成果、技术、知识产权进行较好的法律保护，很容易被竞争对手模仿和复制，导致价值的外溢，很难建立和维持基于创新成果、技术、知识产权的持久竞争优势。外部性问题也是知识产权保护、创新投资过程中信息不对称问题、代理问题的重要原因。另外，如前文分析，创新活动存在较高的信息风险、资金风险、经济风险等风险。国有企业高管由于担心创新活动的价值外溢，以及不愿意承担较高的风险，面对如政治晋升、上级业绩考核时，通常会选择风险较低、价值回收较快的项目，而较少选择风险较高、投资回收期较长的创新投资。然而，伴随着法治水平的提高，知识产权保护的立法水平和执法水平都会提高，对于知识产权侵权、侵占行为的打击力度会越来越大，创新活动的外部性问题、代理问题、信息不对称问题等都会得到更好的遏制，进而晋升激励对创新投资的抑制作用得到缓解。

（二）规范政企关系

法治水平的提高，可以规范政府主管部门相关官员的行为。法治水平的提高，可以提高政府治理的信息透明的程度，为官员设租、企业高管寻租增加了难度，抑制了国有企业高管利用企业资产向政府寻租的行为。同时也加大了对于官员设租、企业高管寻租的处罚力度。国有企业高管处于市场经济的第一线，处于更显现的利益链条之中，面对的诱惑较多。我国第十八次全国代表大会之后，我国反腐力度加大，反腐效果显著。随着法治水平的提高，打击腐败、官员设租、企业高管寻租的力度也会加大，国有企业高管、政府官员的行为就会更加规范。

法治水平的提高也会更进一步区分政府和企业各自的责任、权力、义务，政府、政府官员将自身目标强加于国有企业的行为会得到抑制，国有企业面临多重非经济任务的压力会减弱，这样对于企业创新资源的挤压、侵占就会减少。

总体来看，法治水平的提高能够提高产权保护水平、契约维持水平、声誉约束水平等，同时也会减少创新投资的外部性问题，降低创新投资的风险。所以，当法治水平提高，国有企业高管面临政治晋升预期的决策时，创新投资的抑制会减弱。

法治水平的提高能够提高政府工作的透明度，加大治理政府设租、高管寻租的力度，进一步明晰政府与企业之间的"责权利"。因此国有企业高管面临政治晋升时，其依赖的"多重政府目标"因素会减弱，企业创新资源被挤压、侵占的情况就会减少。

故基于以上分析，本书提出假设 3：法治水平越高，国有企业高管晋升对国有企业创新投资的抑制作用越弱。

第二节 研究设计

为了验证本书提出的假设 3，本节首先对核心概念"法治水平"进行定义和测量，其次设计实证模型进行验证，并进一步通过改变核心变量测量方式、区分不同职位样本、考虑高管背景特征等角度进行稳健性检验，以提高研究结论的可靠性。

一、法治水平定义与测度

法治水平是外部治理环境的重要指标之一，其高低体现了法律的约束力强弱。在我国，虽然立法方面全国使用的法律条款一致，但是不同地区由于法律执行力度不同，法律在不同的地区约束程度不同，执法效果也不尽相同，因此我国不同地区法律环境差别较大，这也为我们研究法治水平的影响提供了先决条件。

对于法治水平的衡量，国内外的学者进行了很多探索。"世界正义工程"提出的法治指数包括四组 16 个一级指标 68 个二级指标，分别强调宪法化和制度化，公正、公开和稳定的立法体系，司法过程公平、公开与高效，独立自主、德才兼备的法律人群体保障。然而该指数是以国家为研究对象，适用于国家地理区域比较小，或者是经济、政治、法律和社会发展水平等因素相对平均、不存在较大差异的国家，不适用于地区差异较大的国家，且也不适用于以一个国家的不同地区为研究对象的研究，故该方法在本书中并不适用。浙江省余杭区在 2006 年提出"余杭指数"，针对余杭区，分区、镇、村三个层面，以及包括党委依法执政、政府依法行政、司法公平正义在内的 9 个目标任务设计指标。该指数涉及层面较广，所需耗费资源较多，在本书中难以应用。

许多学者选择替代性指标衡量我国地区法治水平，如结案数与收案数之比（姚洋 等，2004）、法律法规和管制项目存量（周彬彬 等，2010）、地区财政支出中公检法支出占 GDP 比（吴芳芳，2008）。另外，戴治勇（2014）以司法效率和司法公正衡量法治水平。皮天雷（2010）以经济案件结案率、地区律师人口比例、地区律师事务所数量比作为衡量法治水平的指标。

目前多数学者，如万良勇（2013）、李延喜等（2014、2015）采用樊纲等人编制的中国地区市场化指数的分项指标"市场中介组织发育和法律制度环境指标"衡量我国地区法治水平，该分项指标包含市场中介组织的发育水平、对生产者合法权益的保护水平、知识产权保护水平、消费者权益保护水平四个方面。

综合以上分析，本书利用樊纲等人编制的指数的分项指标衡量法治水平，研究的数据范围是 2007—2015 年，2015 年之后参照李延喜等（2015）的做法，采用 2014 年的数据代替，并采用律师人口比例作为稳健性检验时的替代变量。

二、模型设计

为了检验政府干预对上述关系的影响，本书构造了法治水平与晋升激励的交叉乘积项，建立了模型 6.1，模型 6.1 中包括自变量 IFPro，调节变量 Law，交叉乘积项 IFPro * Law，以及与第四章类似的各个控制变量。

$$RD = \alpha + \beta * IFPro + \delta * Law + \lambda * IFPro * Law + \gamma * Control + \varepsilon$$

$$(6.1)$$

第三节　实证模型检验与结果分析

在本部分，本书首先通过调节效应检验模型检验假设 2，并在此基础上区分不同职位高管，考虑高管背景特征，以及通过改变核心变量测量方式对研究假设进行进一步分析和稳健性检验。

一、假设检验

表 6.1 为法治水平对国有企业高管晋升激励与创新投资关系影响的回归结果。所有回归都基于模型 6.1，通过构造晋升激励与法治水平的交叉乘积项（IFPro * Law_1），检验政府干预的调节影响。其中，（1）（3）列仅控制年度和行业虚拟变量，（2）（4）列控制了相关控制变量，以及年度和行业虚拟变量。（1）（2）列是以创新投资决策，即研发投入的自然对数为

被解释变量，（3）（4）列是以创新投资强度，即研发投入与主营收入的比值为被解释变量。本书以樊纲等人编制的"市场中介组织发育和法律制度环境指标"作为地区法治水平的代理变量，数值越大，说明法治水平越高。回归结果显示，Law_1 与创新投资之间有显著的正向关系，说明法治水平越高，国有企业创新投入越多；另外，IFPro * Law_1 的系数显著为正，而 IFPro 的系数与直接影响中的方向一致，为负。根据调节效应模型，Law_1 对于 IFPro 对企业创新投资的抑制作用有显著缓解作用，即法治水平越高，国有企业高管晋升激励对创新投资的抑制作用越弱。

表 6.1　法治水平影响的回归结果

变量	(1) RD_1	(2) RD_1	(3) RD_2	(4) RD_2
Constant	6.649 0***	−17.306 3***	0.004 1***	0.010 1***
	(17.525 8)	(−16.270 9)	(5.861 3)	(4.999 1)
IFPro	−0.012 5	−0.022 4	−0.005 4***	−0.005 1***
	(−0.041 8)	(−0.078 7)	(−8.712 4)	(−8.589 8)
Law_1	0.121 9***	0.056 3***	0.000 3***	0.000 3***
	(8.352 2)	(3.955 8)	(10.456 9)	(10.494 7)
IFPro * Law_1	0.096 5***	0.074 4**	0.001 2***	0.001 1***
	(2.587 8)	(2.090 5)	(12.363 9)	(12.197 2)
Lev		−3.971 2***		−0.008 8***
		(−12.863 7)		(−14.832 9)
Size		1.224 3***		0.000 1
		(27.048 8)		(1.632 9)
TobinQ		−0.033 5		−0.000 1*
		(−0.776 0)		(−1.704 6)
ROA		−2.062 2*		0.006 2***
		(−1.906 6)		(3.004 8)
Cash		−0.004 5		−0.000 0
		(−1.357 4)		(−0.240 1)
Tax		−23.609 1***		−0.049 1***
		(−18.403 5)		(−20.069 8)
Age		0.063 8***		−0.000 1***
		(6.152 0)		(−4.916 5)
EquiStru		−0.010 1***		−0.000 0***
		(−6.537 9)		(−8.669 2)

表6.1(续)

变量	(1) RD_1	(2) RD_1	(3) RD_2	(4) RD_2
Boardsize		-0.449 7***		-0.000 5***
		(-16.326 1)		(-9.948 1)
IndeDire		0.314 6***		0.000 4***
		(10.927 9)		(7.772 3)
BoardShare		0.552 8***		0.000 7***
		(10.290 9)		(6.553 5)
AMD		0.024 1***		0.000 1***
		(2.786 0)		(3.185 5)
TAT		0.235 3**		-0.004 0***
		(2.060 6)		(-18.505 9)
Year	Control	Control	Control	Control
Industry	Control	Control	Control	Control
r2_a	0.384	0.439	0.259	0.310
F	447.6	369.0	236.9	200.3

资料来源：笔者根据实证研究结果整理。

二、稳健性检验

为了保证研究结果的稳健性，本书将从改变核心变量测量方式、区分不同职位样本、考虑高管背景特征等角度进行稳健性检验，以提高研究结论的可靠性。

（一）更换核心变量衡量方法的检验

根据前文的描述，有部分学者认为地区律师人口比例能够反映地区法律中介组织的发育状况，以及市场的完善情况，能够用来衡量地区的法治水平。本书在稳健性检验时，用律师人口比例（Law_2）作为法治水平衡量的替代方法，各省份律师人数数据来源于各年《中国律师年鉴》、各省份律师协会网站，以及各省份司法部门网站，个别缺失的数据采用取前后两年平均值的做法补足。回归结果如表6.2所示。其中，（5）（7）列仅控制年度和行业虚拟变量，（6）（8）列控制了相关控制变量，以及年度和行业虚拟变量。（1）（2）列是以创新投资决策，即研发投入的自然对数为被解释变量，（3）（4）列是以创新投资强度，即研发投入与主营收入的比值为被解释变量。回归结果与表6.2中的回归结果基本一致，表明研究结果稳健。

表 6.2　更换法治水平衡量方法的回归结果

变量	(5) RD_1	(6) RD_1	(7) RD_2	(8) RD_2
Constant	6.907 7 ***	−16.041 3 ***	0.006 1 ***	0.012 9 ***
	(18.508 4)	(−14.805 4)	(6.264 1)	(4.635 5)
IFPro	−1.286 8 ***	−1.057 4 ***	−0.003 4 ***	−0.003 1 ***
	(−5.811 3)	(−4.977 0)	(−5.792 9)	(−5.620 5)
Law_2	0.222 6 ***	0.121 4 ***	0.000 3 ***	0.000 3 ***
	(12.150 9)	(6.746 3)	(5.386 9)	(5.871 6)
IFPro ∗ Law_2	0.395 7 ***	0.331 2 ***	0.000 6 ***	0.000 6 ***
	(6.120 0)	(5.345 7)	(3.283 7)	(3.465 0)
Lev		−3.856 1 ***		−0.013 4 ***
		(−12.407 7)		(−16.680 5)
Size		1.170 1 ***		0.000 3 **
		(25.289 2)		(2.348 5)
TobinQ		−0.043 0		0.000 5 ***
		(−0.986 1)		(4.827 1)
ROA		−2.006 7 *		0.004 7 *
		(−1.847 8)		(1.668 7)
Cash		−0.003 6		−0.000 0 **
		(−1.092 5)		(−2.169 8)
Tax		−23.509 3 ***		−0.058 0 ***
		(−18.136 9)		(−17.366 3)
Age		0.060 2 ***		−0.000 3 ***
		(5.804 0)		(−9.644 9)
EquiStru		−0.010 5 ***		−0.000 0 ***
		(−6.745 7)		(−8.459 1)
Boardsize		−0.440 4 ***		−0.000 8 ***
		(−15.915 0)		(−11.139 4)
IndeDire		0.310 5 ***		0.000 5 ***
		(10.726 1)		(6.743 5)
BoardShare		0.560 8 ***		0.002 5 ***
		(10.466 4)		(18.475 5)
AMD		0.024 5 ***		0.000 1 ***
		(2.828 5)		(4.008 7)
TAT		0.199 8 *		−0.006 1 ***
		(1.743 6)		(−20.738 5)

表6.2(续)

变量	（5）RD_1	（6）RD_1	（7）RD_2	（8）RD_2
Year	Control	Control	Control	Control
Industry	Control	Control	Control	Control
r2_a	0.391	0.442	0.222	0.307
F	453.9	368.8	202.9	207.4

资料来源：笔者根据实证研究结果整理。

（二）区分高管职位的检验

与前文一致，在国有企业中，重要职位包括董事长、总经理、党委书记，不同职位的不同岗位目标可能影响研究结果的稳健性。因此，本书在检验政府干预的影响时，也将全部样本分为董事长、总经理、党委书记三类样本，进一步检验政府干预对国有企业中不同职位高管晋升激励与创新投资之间关系的影响，回归结果如表6.3所示。其中（9）（10）列是高管担任董事长一职的样本，（11）（12）列是总经理样本，（13）（14）列是党委书记样本。

从研究结果可以看出，加入法治水平这一调节变量之后，除了党委书记的样本组之外，高管担任董事长、总经理的样本回归的结果并未发生实质性变化，IFPro与创新投资之间的回归系数显著为负，法治水平（Law_1）与创新投资之间的关系显著为正，IFPro * Law_1与创新投资之间的回归系数显著为正。这证明，国有企业高管晋升激励对企业创新投资有抑制作用，法治水平可以显著缓解该抑制作用，与本书的假设1和假设3一致。高管担任党委书记一职的样本回归结果中，IFPro * Law_1与创新投资之间的回归系数显著为正，（14）列中IFPro与创新投资之间的回归系数显著为负，证明法治水平可以缓解国有企业党委书记晋升激励对企业创新投资的抑制作用，研究结果相对稳健。

表6.3　不同高管身份的稳健性检验

变量	董事长		总经理		党委书记	
	（9）RD_1	（10）RD_2	（11）RD_1	（12）RD_2	（13）RD_1	（14）RD_2
Constant	−17.243 4***	0.009 4***	−16.520 7***	0.009 4***	−20.961 3***	0.001 2
	（−11.299 9）	（3.306 2）	（−10.711 7）	（3.306 2）	（−3.642 1）	（0.230 5）

表6.3(续)

变量	董事长		总经理		党委书记	
	(9)	(10)	(11)	(12)	(13)	(14)
	RD_1	RD_2	RD_1	RD_2	RD_1	RD_2
IFPro	-0.971 0**	-0.003 7***	-1.318 2***	-0.003 7***	0.595 5	-0.002 0*
	(-2.118 5)	(-4.298 3)	(-2.725 2)	(-4.298 3)	(0.501 0)	(-1.789 1)
Law_1	0.072 0***	0.000 3***	0.059 6***	0.000 3***	-0.016 6	0.000 0
	(3.541 8)	(7.779 1)	(2.910 9)	(7.779 1)	(-0.223 4)	(0.664 9)
IFPro * Law_1	0.213 1***	0.000 8***	0.283 3***	0.000 8***	0.412 1**	0.000 6***
	(2.957 6)	(6.259 6)	(3.898 6)	(6.259 6)	(2.416 1)	(3.532 1)
Lev	-3.951 1***	-0.009 5***	-3.838 7***	-0.009 5***	-2.418 2	-0.004 2***
	(-8.909 8)	(-11.436 4)	(-8.438 4)	(-11.436 4)	(-1.516 3)	(-2.839 1)
Size	1.205 4***	0.000 2	1.183 3***	0.000 2	1.232 2***	0.000 2
	(18.508 8)	(1.490 6)	(18.003 5)	(1.490 6)	(4.703 2)	(0.721 4)
TobinQ	-0.113 0*	-0.000 1	-0.140 6**	-0.000 1	-0.065 1	0.000 2
	(-1.801 0)	(-1.124 7)	(--2.170 9)	(-1.124 7)	(-0.287 9)	(0.889 0)
ROA	-1.165 6	0.006 3**	-2.641 1*	0.006 3**	-7.180 0	-0.006 4
	(-0.757 1)	(2.206 4)	(-1.676 8)	(2.206 4)	(-1.475 8)	(-1.400 6)
Cash	-0.000 1	-0.000 0	-0.001 6	-0.000 0	-0.033 6**	0.000 0
	(-0.013 0)	(-0.287 8)	(-0.339 9)	(-0.287 8)	(-2.132 1)	(0.159 4)
Tax	-24.090 7***	-0.050 0***	-22.727 5***	-0.050 0***	-16.699 7**	-0.015 6**
	(-13.219 4)	(-14.719 8)	(-12.138 2)	(-14.719 8)	(-2.504 9)	(-2.511 1)
Age	0.085 6***	-0.000 1***	0.085 8***	-0.000 1***	0.113 1*	-0.000 0
	(5.731 1)	(-3.189 6)	(5.616 0)	(-3.189 6)	(1.890 8)	(-0.516 2)
EquiStru	-0.008 5***	-0.000 0***	-0.009 0***	-0.000 0***	-0.010 8	-0.000 0**
	(-3.792 1)	(-5.646 4)	(-3.981 1)	(-5.646 4)	(-1.430 8)	(-2.350 7)
Boardsize	-0.411 3***	-0.000 5***	-0.432 2***	-0.000 5***	-0.304 8**	-0.000 2
	(-10.428 1)	(-7.127 4)	(-10.857 3)	(-7.127 4)	(-2.325 1)	(-1.356 4)
IndeDire	0.304 7***	0.000 4***	0.303 2***	0.000 4***	-0.240 9	-0.000 1
	(7.435 1)	(5.749 3)	(7.137 8)	(5.749 3)	(-1.619 3)	(-0.447 6)
BoardShare	0.410 6***	0.000 7***	0.367 2***	0.000 7***	0.169 0	0.000 1
	(4.741 9)	(4.520 1)	(4.588 2)	(4.520 1)	(0.359 2)	(0.169 8)
AMD	0.022 6*	0.000 1**	0.021 1	0.000 1**	0.004 8	-0.000 0
	(1.813 0)	(2.386 0)	(1.643 5)	(2.386 0)	(0.112 2)	(-0.770 1)
TAT	0.294 0*	-0.003 9***	0.332 3**	-0.003 9***	0.722 1	-0.001 7***
	(1.797 1)	(-12.826 2)	(1.997 5)	(-12.826 2)	(1.499 5)	(-3.703 0)
r2_a	0.433	0.304	0.432	0.304	0.363	0.271
F	174.3	100.3	168.0	100.3	10.96	7.499

资料来源：笔者根据实证研究结果整理。

（三）考虑高管背景特征的检验

与前文一致，本书在回归时考虑高管的年龄、性别、教育背景、任期等高管特征因素，在模型中引入高管年龄、性别、教育背景、任期，以及任期的平方等特征变量，实证结果如表6.4所示。结果表明，控制了国有企业高管的特征之后，结果无实质性变化，研究结果稳健。

表6.4　考虑高管背景特征的稳健性检验

变量	（15） RD_1	（16） RD_1	（17） RD_2	（18） RD_2
Constant	0.975 9	−12.465 8***	0.001 6	0.021 8***
	(0.951 7)	(−7.979 6)	(0.817 8)	(7.343 0)
IFPro	−0.940 6**	−0.752 6	−0.004 1***	−0.004 2***
	(−1.970 1)	(−1.631 0)	(−4.400 1)	(−4.777 2)
Law_1	0.137 8***	0.082 5***	0.000 4***	0.000 4***
	(6.567 5)	(3.999 1)	(9.728 9)	(10.130 9)
IFPro * Law_1	0.214 5***	0.174 9**	0.001 0***	0.000 9***
	(2.861 3)	(2.414 0)	(6.663 4)	(6.606 7)
Lev		−3.838 5***		−0.009 2***
		(−8.681 2)		(−10.911 1)
Size		0.947 6***		−0.000 5***
		(14.875 4)		(−4.099 9)
TobinQ		−0.153 2**		−0.000 3**
		(−2.520 2)		(−2.491 4)
ROA		−2.469 0		0.007 3**
		(−1.574 6)		(2.454 7)
Cash		−0.002 7		0.000 0
		(−0.562 9)		(0.589 4)
Tax		−23.645 3***		−0.060 4***
		(−13.142 7)		(−17.669 9)
Age		0.028 5**		−0.000 3***
		(1.981 5)		(−9.798 7)
EquiStru		−0.009 7***		−0.000 0***
		(−4.223 0)		(−6.454 4)
Boardsize		−0.392 8***		−0.000 5***
		(−10.206 6)		(−7.101 0)
IndeDire		0.288 3***		0.000 5***
		(6.977 2)		(6.207 5)

表6.4(续)

变量	(15) RD_1	(16) RD_1	(17) RD_2	(18) RD_2
BoardShare		0.222 2***		0.000 2
		(3.429 8)		(1.627 5)
AMD		0.028 1**		0.000 1***
		(2.331 7)		(4.094 4)
TAT		0.326 8*		−0.004 5***
		(1.958 8)		(−14.245 6)
Execu_Age	0.074 3***	0.024 9*	0.000 0	0.000 0
	(5.645 1)	(1.906 8)	(0.258 9)	(1.248 6)
Execu_Sex	−0.052 5	−0.060 6	0.000 1	0.000 5
	(−0.130 1)	(−0.155 5)	(0.153 7)	(0.705 3)
Execu_Ten	0.382 3***	0.375 6***	0.000 6***	0.000 5***
	(5.601 2)	(5.677 5)	(4.580 8)	(3.900 8)
Execu_Ten_Squ	−0.008 6	−0.011 7**	−0.000 0	−0.000 0
	(−1.484 6)	(−2.084 8)	(−1.505 6)	(−0.351 4)
Execu_Edu	0.469 5***	0.096 2	0.000 1	0.000 4**
	(4.489 5)	(0.928 3)	(0.397 3)	(2.165 0)
Year	Control	Control	Control	Control
Industry	Control	Control	Control	Control
r2_a	0.399	0.440	0.270	0.341
F	196.8	162.7	110.0	107.7

资料来源：笔者根据实证研究结果整理。

三、进一步研究

本章的前面部分针对地区法治水平的影响进行了分析和检验，并没有区分某一类法律法规。党的十八大以来，我国反腐败的力度达到前所未有的高度。本书认为反腐倡廉政策的颁布与落实作为国有企业外部治理环境的一个方面，能够显著影响我国国有企业高管的行为。因此本书将从反腐倡廉政策入手，分析反腐倡廉政策这一法律法规在党的十八大前后的变化对本书研究结果的影响，即考察反腐败力度对国有企业高管晋升激励对创新投资的影响。

（一）党的十八大以来打击国有企业高管腐败的成果

相对于政府官员而言，国有企业高管处于市场经济的第一线，处于更显现的利益链条之中，面对的诱惑较多。国有企业高管违法违纪的问题呈多发态势。

从查处的已发生案件的数量来看，我国国有企业高管违法违纪（主要是贪腐）案件多发。

从查处的已发生案件涉案人员的级别来看（主要是贪腐），涉案主体都集中于关键岗位，并且呈现链条式、系统性的特点。重点岗位包括：财务、资产管理、采购、业务承接领域。表 6.5 的数据显示，公司董事长、总经理、党委书记（数据记录的是职位人次，由于存在同时兼任的情况，因此数据之和有可能大于总数）是违法违纪的主体，而且存在上行下效的现象，负责人会带领多名下属高管贪腐。如，中国石油天然气集团公司副总经理李某于 2013 年 8 月份接受调查，中国石油天然气股份有限公司副总裁兼长庆油田分公司总经理冉某、中国石油天然气股份有限公司总地质师兼勘探开发研究院院长王某两人也相继接受组织调查。

表 6.5　国有企业高管腐败案件统计

	中管干部		中央一级的党和国家机关、国企和金融单位干部		省管干部	
	执纪审查	党纪处分	执纪审查	党纪处分	执纪审查	党纪处分
总数	14	10	23	20	121	59
董事长	4	4	1	3	31	14
总经理	9	6	13	4	57	30
党委书记	6	6	2	1	23	10

资料来源：笔者研究整理。

从涉案金额和案件后果来看，涉案金额较大，且破坏巨大。国有企业高管作为我国主要经济命脉的控制者，掌控着大量的资金、资产，这使得其在违法违纪时涉案金额巨大。中央纪委监察部网站公布的被党纪处分的高管多是贪污腐败、滥用职权而被处分，虽然没有公布具体涉案金额，但是公开媒体上收集的数据显示，国企高管违法违纪涉案金额巨大，如某粮油集团案件的涉案金额近 1 亿元、某玻璃公司的涉案金额多达 2 亿元。

（二）党的十八大以来的反腐倡廉政策

党的十八大以来，以习近平同志为核心的党中央加强反腐体制机制创新和反腐制度的建设。2012年底，我国从中央到地方展开了一场声势浩大、力度强硬的反腐运动。表6.6总结了党的十八大以来党和政府陆续出台的多项反腐倡廉政策法规。

表6.6　党的十八大以来反腐倡廉政策法规

类型	时间	具体政策法规
核心政策法规	2012年12月	《十八届中央政治局关于改进工作作风、密切联系群众的八项规定》
	2013年12月	《建立健全惩治和预防腐败体系2013—2017年工作规划》
	2014年10月	《关于深化"四风"整治、巩固和拓展党的群众路线教育实践活动成果的指导意见》
	2015年10月	《中国共产党廉政自律准则》
	2022年1月	《中共中央印发〈中国共产党纪律检查委员会工作条例〉》
	2022年2月	《中共中央办公厅印发〈关于加强新时代廉洁文化建设的意见〉》
干部管理	2013年2月	《关于在干部教育培训中进一步加强学员管理的规定》
	2013年10月	《关于进一步规范党政领导干部在企业兼职（任职）问题的意见》
	2013年12月	《关于进一步做好领导干部报告个人有关事项工作的通知》
	2014年1月	《党政领导干部选拔任用工作条例》
	2014年7月	《党政主要领导干部和国有企业领导人员经济责任审计规定实施细则》
	2021年12月	《中办国办印发〈关于更加有效发挥统计监督职能作用的意见〉》
惩罚制度	2015年10月	《中国共产党纪律处分条例》（2023年12月修订）
	2023年1月	《中共中央印发〈中国共产党处分违纪党员批准权限和程序规定〉》

资料来源：笔者研究整理。

（三）具体检验和分析

反腐败是企业运营的外生政策环境，按照党力等（2015）的做法，反腐败可以被视为中国政府在全国进行的一次试验，因此可以采用双重差分的方法（DIDs）考察其影响，设置Anti_Corr这一虚拟变量。2013—2015年反腐力度较强，赋值为1，2007—2012年反腐力度相对较弱，值为0。

双重差分法自变量包含晋升激励、反腐败、反腐败与晋升激励的交叉项，然而，反腐败是以年度为虚拟变量，故在检验时无法同时控制年份的固定效应。本书借鉴范子英（2014）和党力等（2015）的方法，同时采用双向固定效应模型进行分析。双向固定效应模型不控制 Anti_Corr 虚拟变量，控制年份的固定效应。具体模型见 6.2。

$$RD_{it} = \alpha + \beta * IFPro + \delta * Anti\_Corr + \lambda * IFPro * Anti\_Corr +$$
$$\gamma * Control + \varepsilon \qquad (6.2)$$

在检验时，本书首先按晋升与否对样本进行对比分析，以未晋升作为参照组，以晋升作为处理组，回归结果如表 6.7 所示。表 6.7 中，（19）（20）列是反腐败之前的样本，即 2007—2012 年样本回归结果；（21）（22）列是反腐败之后的样本，即 2013—2015 年样本回归结果。从回归结果可以看出，在反腐败之前，IFPro 与企业 RD 呈显著的负相关关系。而在反腐败之后，IFPro 与企业 RD 没有明显的关系。

表 6.7　反腐败分组回归的结果

变量	反腐败之前的样本		反腐败之后的样本	
	（19）	（20）	（21）	（22）
	RD_1	RD_2	RD_1	RD_2
Const	−107.923 5***	0.005 0	−346.21***	0.022 1**
	（−24.326 3）	（1.402 9）	（−27.236 1）	（2.511 5）
IFPro	−0.849 6**	−0.000 8**	0.028 2	−0.000 1
	（−2.030 6）	（−2.291 4）	（0.024 3）	（−0.134 9）
Lev	−1.900 3**	−0.009 0***	−5.888 5***	−0.012 5***
	（−2.081 6）	（−12.219 7）	（−2.837 3）	（−8.672 0）
Size	4.605 2***	0.000 3**	15.928***	0.000 8***
	（32.204 3）	（2.300 1）	（48.013 4）	（3.271 7）
TobinQ	0.400 3***	0.000 4***	1.863 6***	0.000 3
	（3.214 7）	（3.600 1）	（6.518 1）	（1.370 7）
ROA	2.864 6	0.014 2***	16.474 2**	0.046 2***
	（0.878 4）	（5.404 4）	（2.217 0）	（8.964 4）
Cash	0.007 7	−0.000 0	0.080 0***	−0.000 0
	（0.746 1）	（−0.321 7）	（3.697 4）	（−0.583 7）
Tax	−26.102 7***	−0.045 6***	−68.975***	−0.094 4***
	（−6.725 4）	（−14.550 8）	（−7.525 4）	（−14.868 0）

表6.7(续)

变量	反腐败之前的样本		反腐败之后的样本	
	(19)	(20)	(21)	(22)
	RD_1	RD_2	RD_1	RD_2
Age	−0.301 9***	−0.000 6***	−0.366 0***	−0.000 6***
	(−8.279 4)	(−21.320 8)	(−5.568 0)	(−13.198 2)
EquiStru	−0.008 1*	−0.000 0***	0.006 8	−0.000 0***
	(−1.760 1)	(−3.652 0)	(0.615 0)	(−2.670 9)
Boardsize	−0.186 5**	0.000 0	−0.262 2	−0.000 0
	(−2.003 2)	(0.163 6)	(−1.495 0)	(−0.286 9)
IndeDire	0.277 6***	0.000 0	0.296 0*	−0.000 2
	(2.636 6)	(0.214 6)	(1.797 0)	(−1.413 0)
BoardShare	−0.359 7**	0.002 0***	0.333 5	0.001 6***
	(−2.226 8)	(15.383 8)	(1.026 0)	(7.096 2)
AMD	38.367 7***	0.042 0***	77.333***	0.054 5***
	(15.192 7)	(20.582 9)	(13.771 4)	(14.017 4)
TAT	3.655 2***	−0.001 3***	9.261 6***	−0.005 9***
	(9.851 9)	(−4.383 7)	(10.631 9)	(−9.739 4)
Year	Control	Control	Control	Control
Industry	Control	Control	Control	Control
Adj-R^2	0.190	0.341	0.402	0.406
F	82.03	179.9	148.3	150.7

资料来源：笔者根据实证研究结果整理。

之后，本书对所有样本进行固定效应检验和双重差分检验，检验结果如表6.8所示，(23)(24)列是双向固定效应检验的结果，(25)(26)列是双重差分模型检验的结果。回归结果显示，除了(7)列 Anti_Corr_1 * IFPro 与创新投资之间回归结果不显著之外，其余 Anti_Corr_1 * IFPro 项的系数显著为正，而结果中 IFPro 的回归系数显著为负。由此可以看出，反腐败对于晋升激励与创新投资之间的负向关系有正向调节作用，即反腐败力度的加大可以有效缓解晋升激励对创新投资的抑制作用。

表 6.8　反腐败、晋升激励与创新投资回归的结果

变量	双向固定效应模型		双重差分模型	
	（23）	（24）	（25）	（26）
	RD_1	RD_2	RD_1	RD_2
Const	$-194.717\ 7^{***}$	$-0.018\ 9^{***}$	-187.01^{***}	$-0.002\ 8$
	$(-23.830\ 8)$	$(-3.025\ 1)$	$(-22.851\ 8)$	$(-0.459\ 0)$
IFPro	$-2.290\ 7^{***}$	$-0.004\ 5^{***}$	$-0.794\ 9$	$-0.001\ 1^{***}$
	$(-4.110\ 6)$	$(-10.613\ 1)$	$(-1.402\ 5)$	$(-2.650\ 3)$
Anti_Corr_1 * IFPro	$3.809\ 1^{***}$	$0.007\ 1^{***}$	$1.314\ 1^{*}$	$0.000\ 3^{**}$
	$(3.454\ 2)$	$(8.448\ 2)$	$(1.887\ 9)$	$(2.360\ 9)$
Anti_Corr_1			$5.598\ 5^{***}$	$0.011\ 3^{***}$
			$(13.188\ 4)$	$(35.431\ 3)$
Lev	$-3.892\ 9^{***}$	$-0.014\ 2^{***}$	$-3.315\ 5^{***}$	$-0.012\ 7^{***}$
	$(-3.922\ 9)$	$(-18.782\ 9)$	$(-3.334\ 9)$	$(-17.026\ 6)$
Size	$9.026\ 3^{***}$	$0.002\ 0^{***}$	$8.601\ 3^{***}$	$0.001\ 1^{***}$
	$(59.689\ 9)$	$(17.291\ 4)$	$(55.639\ 3)$	$(9.522\ 6)$
TobinQ	$0.600\ 1^{***}$	$0.000\ 7^{***}$	$0.180\ 5$	$-0.000\ 1$
	$(4.415\ 7)$	$(6.614\ 7)$	$(1.366\ 1)$	$(-0.537\ 3)$
ROA	$5.173\ 6$	$0.014\ 0^{***}$	10.117^{***}	$0.025\ 7^{***}$
	$(1.454\ 4)$	$(5.147\ 6)$	$(2.846\ 3)$	$(9.617\ 5)$
Cash	$0.046\ 6^{***}$	$-0.000\ 0^{***}$	$0.045\ 8^{***}$	$-0.000\ 0^{***}$
	$(4.248\ 7)$	$(-3.034\ 7)$	$(4.185\ 6)$	$(-3.728\ 3)$
Tax	$-47.972\ 8^{***}$	$-0.074\ 2^{***}$	-43.481^{***}	$-0.065\ 7^{***}$
	$(-11.343\ 3)$	$(-22.992\ 9)$	$(-10.285\ 6)$	$(-20.700\ 7)$
Age	$-0.153\ 3^{***}$	$-0.000\ 1^{***}$	$-0.249\ 6^{***}$	$-0.000\ 4^{***}$
	$(-4.515\ 9)$	$(-5.740\ 5)$	$(-7.039\ 3)$	$(-14.088\ 7)$
EquiStru	$-0.012\ 3^{**}$	$-0.000\ 0^{***}$	$-0.007\ 0$	$-0.000\ 0^{***}$
	$(-2.382\ 8)$	$(-8.827\ 5)$	$(-1.356\ 2)$	$(-6.031\ 5)$
Boardsize	$-0.952\ 8^{***}$	$-0.001\ 0^{***}$	$-0.495\ 4^{***}$	$-0.000\ 1^{**}$
	$(-10.524\ 4)$	$(-15.052\ 0)$	$(-5.365\ 0)$	$(-2.060\ 0)$
IndeDire	$0.629\ 4^{***}$	$0.000\ 5^{***}$	$0.383\ 7^{***}$	$0.000\ 0$
	$(6.541\ 2)$	$(6.803\ 0)$	$(3.951\ 3)$	$(0.054\ 9)$
BoardShare	$0.178\ 5$	$0.002\ 6^{***}$	$0.135\ 9$	$0.002\ 4^{***}$
	$(1.060\ 0)$	$(20.067\ 1)$	$(0.806\ 4)$	$(19.106\ 8)$
AMD	$59.462\ 2^{***}$	$0.053\ 5^{***}$	60.573^{***}	$0.055\ 1^{***}$
	$(21.807\ 4)$	$(25.745\ 6)$	$(22.252\ 5)$	$(26.986\ 6)$

表6.8(续)

变量	双向固定效应模型		双重差分模型	
	(23)	(24)	(25)	(26)
	RD_1	RD_2	RD_1	RD_2
TAT	5.379 3***	−0.003 2***	5.809 2***	−0.002 4***
	(13.289 0)	(−10.360 9)	(14.366 0)	(−7.790 2)
Year	Control	Control		
Industry	Control	Control	Control	Control
Adj-R^2	0.266	0.299	0.266	0.321
F	189.7	222.8	207.6	270.7

资料来源：笔者根据实证研究结果整理。

第四节　研究结论

在第五章研究政府干预、国有企业晋升激励与创新投资的基础上，本章主要通过逻辑推演和实证检验的方式进一步研究了法治水平对国有企业晋升激励与创新投资之间关系的影响，验证了本书的假设3。

一、本章主要内容

在制度环境，或是治理环境中，法治水平对于企业而言是很重要的一个因素。国家的法律制度、执法水平等法治环境因素对于国家的各个经济主体的管理决策、经营决策、经营成果，以及个体的行为动机、行为决策等都有直接的影响。我国幅员辽阔，不同地区经济发展状况不同，市场化进程不同，虽然立法一致，但是各行政区域在相关配套政策、执行方式、执行力度上都存在差异，这使得我国各个行政区域内的法律治理环境存在较大的差异。这为本书从法治水平的角度分析国有企业高管晋升激励对企业创新投资影响提供了条件。

本章通过逻辑推演分析法治水平的影响并提出假设，最后采用多种方法检验研究结果的稳健性。在理论逻辑推演时，本书首先回顾和总结了关于法治水平影响的现有文献，现有文献普遍认为，较高的法治水平主要体现在较高的"财产保护制度"和"契约维护制度"两方面，而这两方面制度的完善能够提高地区金融发展水平，进而缓解企业融资约束；同时既能够提高企业投资效率、企业绩效，也能制约高管盈余管理的动机和行为，以及股东掏空行为，进而提高企业价值。在文献回顾之后，本书从法治水平对国有企业高管行为的规制、对政企关系的规制两方面分析法治水平对国有企业晋升激励与创新投资之间关系的影响，并提出研究假设。法治水平提高时，契约的维护、产权的保护、投资者权利的保护都会得到加强，市场对国有企业高管行为的监督加强，国有企业高管道德风险的行为、损公利己的行为会得到抑制；同时，随着法治水平的提高，政府、企业的责任、权利和义务会更加明确，政企关系会更加透明，国有企业更趋于市场化竞争。随着法治水平的提高，国有企业高管晋升激励对创新投资的抑制影响变弱。

在实证研究时，本书首先梳理了法治水平的定义和测量方法，确定了以"市场中介组织发育和法律制度环境指标"作为衡量法治水平的主要方法，并以地区律师人数占比作为稳健性检验时法治水平替代的衡量方法。其次，构造法治水平与政府干预的交叉乘积项，检验法治水平的影响，并从改变核心变量测量方式、区分不同职位样本、考虑高管背景特征等角度进行稳健性检验，以提高研究结论的可靠性。

在此基础上，本书还从反腐倡廉政策入手，分析反腐倡廉政策这一法律法规在党的十八大前后的变化对本书研究结果的影响。

二、本章主要结论

通过逻辑推演和实证检验，本章得出了以下结论：

第一，法治水平的提高会显著缓解国有企业高管晋升激励对创新投资的抑制作用。目前，随着区域化发展战略的逐步深入，我国各个行政区域由于地理位置不同、区域的资源禀赋不同、国家对于各地区的发展政策要求不同，各行政区域在相关配套政策、执行方式、执行力度上都存在差异。这导致我国各个行政区域内的法律治理环境存在较大的差异，这也显著地影响了各个行政区域内的经济行为。法治水平的提高能够有效规范国有企业高管的自利行为，也能对政企关系进行规范，因此当法治水平提高时，国有企业高管为了获得政治晋升而采取的自利行为会得到抑制。

第二，从提高晋升激励有效性来看，法治水平的提高能够有效缓解晋升激励对创新投资的抑制作用。国有企业高管的政治晋升是国有企业高管激励的有效补充方式，也是国家治理经济的有效手段之一。提高法治水平能够有效减少效率损失，改善国有企业高管晋升激励机制的实施效果。

第三，反腐倡廉政策作为党的十八大以来党和国家大力推进的制度改革，对我国政治、经济的发展都有深远的影响。就本书而言，反腐败显著影响国有企业高管的行为模式，在反腐败力度加强的情况下，晋升激励对创新投资的挤出作用会被削弱。从这个角度来看，反腐败是有利的，能够降低国有企业高管自利行为对企业的影响。当然还需要从宏观和微观层面综合评价党的十八大以来的反腐败活动对经济的综合影响。

第七章　结论、建议与展望

　　本章的主要内容是对本书的总结、建议与展望。首先本章在总结全书的基础上，给出本书的研究结论；其次，就研究结论给出政策性建议；最后，本章总结了本书研究的不足之处，并展望未来在研究中可能的改进之处。

第一节　全书主要结论

　　改革开放四十多年来，中国经济快速增长，取得了卓越的成就。然而在经济增长的背后，也出现了诸如"结构性失衡""重复建设""行业投资过热""产能过剩"等负面问题。一直以来支撑我国经济发展的是出口、投资、消费这"三驾马车"，而这其中投资和出口所占的比重最高，又以投资最为突出。投资固然是拉动经济增长的经济因素，但是过分依赖投资拉动经济，会导致我国经济结构失衡，我国经济需要从要素驱动、投资驱动向创新驱动转变。然而目前，我国整体创新力不足、与发达国家差距较大是制约我国经济持续稳步增长的重要因素，而作为我国重要经济支柱的国有企业在创新投入、创新产出、创新效率上与民营企业、外资企业相比都缺乏竞争力。因此，结合我国现阶段的制度背景，深入分析国有企业创新问题显得尤为必要。

　　高管是企业决策的制定者和执行者，对于企业创新有重要影响。研究国有企业创新问题，对于高管激励的探讨无可避免。然而，目前已有的关于国有企业创新问题的研究，主要是基于国有企业特殊的政治身份从外部治理环境、高管激励制度、高管社会网络特征、公司治理、企业债务结构等角度探讨的。而对高管激励的研究也多限于显性的货币性激励，对于高管所具备的政治身份的影响分析较少。那么作为重要激励机制之一的国有企业高管政治晋升激励在国有企业创新问题中扮演了什么角色，即政治晋升对创新投资有何影响？另外，考虑到外部治理环境的影响，政府的干预，以及不同地区的法治水平的差异对于政治晋升与创新投资之间的关系又有何影响？这些问题在现有的研究中都没有较为明确的答案，因此本书将研究重点放在这里。

为了回答上述问题，本书在第二章对相关的理论和文献进行了梳理，通过对委托代理理论的梳理以及我国国有企业代理现状的分析，总结出委托层级较多、参与方角色存在重叠且富有性行政色彩的国有企业委托代理现状，认为国有企业存在严重的委托代理问题。通过对激励理论和政治晋升锦标赛理论的梳理，我们发现，对于国有企业高管而言，政治晋升激励对于国有企业高管可能是一种具有重要影响的激励机制。这些发现都为本书的研究奠定了理论基础。同时本书通过对政治晋升与经济行为、企业创新投资影响因素等文献的梳理，发现在影响国有企业高管行为、企业创新活动中，制度环境因素有着举足轻重的影响，因此本书在具体分析时加入了外部治理环境因素的考虑。

在理论分析的基础上，本书的第三章对我国的制度背景进行了分析，为本书的研究奠定了现实基础。通过对我国创新政策变迁沿革与创新实践的总结与分析，本书发现我国政府陆续颁布了数量繁多的创新政策和科技政策，政策涵盖范围广泛，几乎遍及国民经济的所有相关领域；虽然创新政策变动相对频繁，但政策一致性较高，且政策力度较大。经过多年的改革与发展，我国的创新能力、创新水平有所提高，但是与发达国家差距仍然较大，且国有企业在创新方面的竞争力较差。通过对中国国企与国企高管管理制度改革的研究，我们发现经过多年的改革与发展，国有企业建立了现代化公司治理制度，且国有企业高管也不再是单纯的"政治人"，而兼具"经理人""政治人"双重身份，未来国企改革制度趋势大致有以下几个方面：加强党的领导和党风廉政建设、经济结构调整、功能界定与分类改革、完善治理结构并高管去行政化。我国法律制度逐步完善，但政府干预普遍且预期长久存在，同时治理环境方面地区差异较大。在理论文献综述与现实制度背景分析的基础上，结合本书研究主题，本书给出了总体研究框架，并对此进行解构与细化，延展开后形成概念模型：首先探讨国有企业高管晋升激励对创新投资的影响；其次基于外部环境的不同角度，分别分析政府干预、法治水平对晋升激励与创新投资之间关系的影响。

第四章的内容是本书的主线，即对晋升激励与创新投资的研究。本书通过对国企高管多重身份特征的分析，论证了国有企业高管政治晋升有效性，并通过文献梳理和现实情境分析归纳总结国有企业高管政治晋升可能的路径，包括职业晋升路径、行政晋升路径，并分析国有企业高管晋升激励对企业创新投资的影响，认为在国有企业中，高管的晋升激励会抑制创新投资。在经过描述性统计分析、回归分析，以及区分不同职位高管、考虑高管背景特征、最终控制人性质的稳健性检验之后，本书验证了假设1。

第五章是在第四章的基础上进一步分析治理环境的一个维度——"政府干预"对上述问题的影响。在对政府干预的相关文献进行回顾，以及分析政府干预的调节作用的基础上，本书提出第二个假设，即政府干预越强，国有企业高管晋升对国有企业创新投资的抑制作用越明显。通过构造包含政府干预与晋升激励交叉乘积项的调节模型，进行回归检验，以及改变核心变量测量方式、区分不同职位样本、考虑高管背景特征等的稳健性检验之后，本书的假设2得到验证。

第六章是在第四章的基础上进一步分析治理环境的一个维度——"法治水平"对上述问题的影响。在对法治水平影响的研究进行回顾，以及对法治水平规范国有企业高管行为、规范国有企业与政府关系的分析的基础上，本书提出的第三个假设，即治理水平越高，国有企业高管晋升对国有企业创新投资的抑制作用越明显。在构造包含法治水平与晋升激励交叉乘积项的调节模型，通过回归检验，以及改变核心变量测量方式、区分不同职位样本、考虑高管背景特征等的稳健性检验之后，本书验证了假设3。另外，本书还结合目前改革的形势、制度环境的变化，采用分组检验、固定效应模型和双重差分模型考察了反腐倡廉政策这一法律法规在党的十八大前后的变化对本书研究结果的影响，研究发现在反腐败力度加强的情况下，晋升激励对创新投资的挤出作用会被削弱。

经过理论推演和实证分析之后，本书得出以下主要结论：

第一，政治晋升是国有企业高管激励的重要形式，能够显著影响国有企业高管的决策。经济学和管理学认为人都是"自私"的，区别在于所

"私"之"物"即"利己"的方式不同。国有企业高管本身，作为一个"人"，其本质上是"经济人"，是自私的，是以自我利益为中心的"经济人"，其"经理人""政治人"的两重身份也是建立在"经济人"的假设之上。"经济人"假设下"经理人"身份的国有企业高管作为资产的代理者，占有绝对的信息优势，当高管更注重自身利益（经济利益、非经济利益）的时候，其行为可能会偏离企业价值最大化的目标。作为"政治人"的国有企业高管，其行为可能会偏移角色应有的动机。作为"政治人"，自我政治身份的提升、自我价值的提升、私利的获取可能会成为其行为的动机。对于国有企业高管而言，显性激励、其他隐性激励手段效果有限，政治晋升对国有企业高管具有较大的吸引力，能够影响其行为决策。

第二，通过文献梳理和现实情境分析，笔者发现国有企业高管政治晋升存在的可能的路径，即职业路线、行政路线，职业路线即晋升依靠较高的个人能力；行政路线即依靠向上级主管部门表示较高的政治忠诚度。

第三，由于政治晋升锦标赛理论的应用条件不完全满足，政治晋升机制存在效率损失。政治晋升锦标赛理论的适用条件包括明确指标、权力集中、成绩可分离、领导人有重要影响等，但是在国有企业中，由于多元化的目标、客观与非客观的指标同时存在等情况，国有企业高管的努力和考核指标之间的关系存在信息噪音，难以严格界定。这可能是影响国有企业高管政治晋升激励效率的重要原因。就创新投资的数据而言，基于委托代理理论，以及从国有企业高管政治晋升可能的路径分析，国有企业高管为了获得晋升，倾向于创造短期业绩、迎合政府目标、建立和维护与政府的关系，这些行为都会抑制企业的创新投资。

第四，减少政府对国有企业的干预、提高法治水平能够显著改善政治晋升激励的效果。政府干预能够在"市场失灵"的情况下起到有效配置资源的作用，然而过度的政府干预，或者说政府干预不公正，甚至掺杂某些官员私利，会导致效率的损失。就创新投资的数据而言，政府对国有企业干预的提高会加重晋升激励对创新投资的抑制。法治水平的提高能够有效规范国有企业高管的自利行为，也能对政企关系进行规范，因此当法治水平提高时，国有企业高管为了获得政治晋升而采取的自利行为会得到抑制。就创新投资的数据而言，法治水平的提高会缓解晋升激励对创新投资的负面影响。

第二节　政策建议

在总结全书、提出主要结论的基础上，本节将提出一些政策建议或政策启示，同时指出本书的局限性和未来可改进的方向。

本书结合了微观和宏观因素，从国有企业高管政治晋升激励的角度研究了国有企业创新问题，同时考察了外部制度环境的影响，不但有重要的理论意义，还有较高的现实价值。本书研究得出的政策建议如下：

第一，重视国有企业高管政治晋升的创新激励效应。目前，国有企业高管政治晋升并没有明确的标准，而从文献和现实情境总结出国有企业高管为了获得政治晋升，倾向于创造短期业绩、迎合政府目标、建立和维护与政府的关系，这些行为都抑制了创新投资。面对这样的情况，政府和企业都需要改变以短期绩效考核为主的国有企业考核机制，建立一套科学合理的考核指标体系，将创新活动的考核纳入其中，比如可以加大国有企业承担地区、国家、行业技术研究的任务量、创新的投入产出和效率、研发强度等考核指标。同时，可以加强中长期激励手段，让国有企业高管有一个更长任期的预期，迫使国有企业高管从中期、长期的角度做出决策、组织生产，提高国有企业高管从事创新活动的主动性和积极性。

第二，结合国有企业分类改革加速去行政化。2015 年 8 月中共中央、国务院颁布《关于深化国有企业改革的指导意见》（以下简称《意见》），文件将国有企业界定为商业类和公益类，商业类国有企业又可分为主业处于充分竞争行业和领域的国有企业和主业处于关系国家安全、国民经济命脉的重要行业和关键领域，主要承担重大专项任务的国有企业。《意见》指出，商业类企业可以按照市场机制运行，完善现代企业制度、加大公司股份制改革力度。结合国有企业分类改革，本书认为对于不同类型的国有企业高管需要分类管理。对于处于竞争领域的国有企业高管应加快去行政化的步伐，需要强化"经理人"身份、弱化"政治人"身份。本书认为可以加强国有企业高管人力资本市场化机制建设，推进国有企业职业化，通过优胜劣汰的竞争机制形成压力，制约国有企业高管的行为。对于第二类商业类国有企业和公益类企业，其职能更趋向于政府的经济管理部门，应该注重其"政治人"身份，建立与之匹配的激励手段。

第三，明晰政府的职能定位，减少政府不合理干预，完善市场化机制。在国有企业管理的过程中，政府"越位"和"缺位"的现象并存。"越位"体现在，政府将政府的任务目标加于国有企业，影响国有企业政策经营；"缺位"体现在，作为职能委托人，作为"所有者"，政府履行监督约束职能不到位。本书第五章分析认为，政府政绩目标的短视、政府官员与企业高管关联会影响政治晋升的激励效果，也会抑制创新。因此，政府需要处理好政府与市场关系，使市场成为配置资源的主导力量，着力解决政府"越位"和"缺位"，以及市场体系不完善等问题。

第四，提高执法质量和法治水平，提高企业外部治理水平。较高的法治水平既能够规范国有企业高管的自利行为，也能规范政企关系，保障公平、公开、公正的竞争。因此，需要从制度上加强对投资者的法律保护，缩小各地区法律、法规和政策执行的差距。另外，有研究显示，在执法过程中，由于各地区具体情况不同，执法效率存在较大差异，其中政府对于执法的干预也是重要的影响因素之一（皮天雷，2010），因此可以从提高执法独立性入手，提高执法质量。

第三节 未来研究展望

由于自身能力、资料获取的限制，本书仍存在一些不足，有待后续进一步的深入研究。

第一，本书认为高管是企业决策的核心，本书在国有企业存在"一把手负责制"的背景下，分析国有企业高管政治晋升激励对企业创新投资的影响。然而在现代企业制度中权力的制约、团队的合作都会影响高管个人决策对整体企业决策的影响，随着改革的深入，国有企业也已建立和完善了现代企业制度。本书在研究中肯定了国有企业高管（董事长、总经理、党委书记）在决策时的重要作用，也考虑到上述因素，在控制变量中加入了董事会特征、股权制衡等公司治理因素，但是仍存在可深入分析的空间，比如结合高管权力大小分析本研究等。

第二，本书在主要概念代理变量的选取上仍有可考量的空间。现实中政府部门的"行政级别"和"职位职权"有时并不是完全对应的，存在行政级别高，却无实际职位职权或职位职权较低的现象。本书认为，首先，国有企业高管从企业进入政府，无法准确比较两者之间所控制的权力，"经理人"是国有资产的受托人，所掌控的仅仅是企业经营的权力。另外，如果按照"职位职权"进行区分，则缺少客观参照依据；如果自行判断，则可能会导致数据结果过于主观。故本书在具体操作时，参考已有研究按"行政级别"区别是否晋升，后续研究可以探索更合理的代理变量。

第三，受数据可得性的限制，本书虽然通过公司公告信息、网络信息、政府网站信息等搜集高管政治晋升数据，但是仍有少部分高管离开原企业后的去向难以获得，本书对于这种情况按离职处理，后续研究将进一步完善缺失数据的处理。

参考文献

白俊，连立帅，2014. 国企过度投资溯因：政府干预抑或管理层自利？[J]. 会计研究（2）：41-48，95.

卞晨，初钊鹏，孙正林，2022. 环境规制、绿色信贷与企业绿色技术创新的政策仿真：基于政府干预的演化博弈视角 [J]. 管理评论，34（10）：122-133.

蔡地，陈振龙，刘雪萍，2015. 风险投资对创业企业研发活动的影响研究 [J]. 研究与发展管理（5）：1-11.

蔡地，万迪昉，2011. 政府干预、管理层权力与国企高管薪酬-业绩敏感性 [J]. 软科学，25（9）：94-98.

蔡地，万迪昉，2012. 制度环境影响企业的研发投入吗？[J]. 科学学与科学技术管理（4）：121-128.

曹春方，马连福，沈小秀，2014. 财政压力、晋升压力、官员任期与地方国企过度投资 [J]. 经济学（季刊）（4）：1415-1436.

曹伟，杨德明，赵璨，2016. 政治晋升预期与高管腐败：来自国有上市公司的经验证据 [J]. 经济学动态（2）：59-77.

陈德球，徐婷，2023. 家族二代何以成为企业创新的推动者？：家族传承异质性对企业创新影响研究 [J]. 外国经济与管理，45（9）：79-96.

陈德中，2011. 能动性与规范性：雷尔顿论规范力量与规范自由 [J]. 世界哲学（5）：125-132.

陈国宏，郭弢，2008. 我国 FDI、知识产权保护与自主创新能力关系实证研究 [J]. 中国工业经济（4）：25-33.

陈昆玉，2010. 创新型企业的创新活动、股权结构与经营业绩：来自中国 A 股市场的经验证据 [J]. 宏观经济研究（4）：49-57.

陈仕华，卢昌崇，姜广省，等，2015. 国企高管政治晋升对企业并购行为的影响：基于企业成长压力理论的实证研究 [J]. 管理世界 (9)：125-136.

陈守明，唐滨琪，2012. 高管认知与企业创新投入：管理自由度的调节作用 [J]. 科学学研究 (11)：1723-1734.

陈爽英，井润田，廖开容，2012. 社会资本、公司治理对研发投资强度影响：基于中国民营企业的实证 [J]. 科学学研究 (6)：916-922.

陈爽英，井润田，龙小宁，等，2010. 民营企业家社会关系资本对研发投资决策影响的实证研究 [J]. 管理世界 (1)：88-97.

陈晓红，王艳，关勇军，2012. 财务冗余、制度环境与中小企业研发投资 [J]. 科学学研究 (10)：1537-1545.

陈信元，陈冬华，万华林，等，2009. 地区差异、薪酬管制与高管腐败 [J]. 管理世界 (11)：130-143，188.

陈岩，张斌，翟瑞瑞，2016. 国有企业债务结构对创新的影响：是否存在债务融资滥用的经验检验 [J]. 科研管理 (4)：16-26.

陈艳艳，罗党论，2012. 地方官员更替与企业投资 [J]. 经济研究 (S2)：18-30.

陈钊，徐彤，2011. 走向"为和谐而竞争"：晋升锦标赛下的中央和地方治理模式变迁 [J]. 世界经济 (9)：3- 18.

陈仲常，余翔，2007. 企业研发投入的外部环境影响因素研究：基于产业层面的面板数据分析 [J]. 科研管理 (2)：78-84，123.

褚洪生，2016. 高管薪酬、制度环境与激励效应 [D]. 北京：对外经济贸易大学.

戴静，张建华，2013. 金融所有制歧视、所有制结构与创新产出：来自中国地区工业部门的证据 [J]. 金融研究 (5)：86-98.

戴治勇，2014. 法治、信任与企业激励薪酬设计 [J]. 管理世界 (2)：102-110.

党力，杨瑞龙，杨继东，2015. 反腐败与企业创新：基于政治关联的解释 [J]. 中国工业经济 (7)：146-160.

诺斯，1994. 制度、制度变迁与经济绩效 [M]. 杭行，译. 上海：上海三联书店.

冬华，陈信元，万华林，2005. 国有企业中的薪酬管制与在职消费 [J].

经济研究 (2)：92-101.

董晓庆，赵坚，袁朋伟，2014. 国有企业创新效率损失研究 [J]. 中国工业经济 (2)：97-108.

樊纲，王小鲁，张立文，等，2003. 中国各地区市场化相对进程报告 [J]. 经济研究 (3)：9-18，89.

范子英，李欣，2014. 部长的政治关联效应与财政转移支付分配 [J]. 经济研究，49 (6)：129-141.

方福前，2000. 公共选择理论：政治的经济学 [M]. 北京：中国人民大学出版社.

冯旭南，李心愉，陈工孟，2011. 家族控制、治理环境和公司价值 [J]. 金融研究 (3)：149-164.

扶淼，罗厅苇，2021. 国企高管政治晋升研究综述 [J]. 企业科技与发展 (9)：156-158.

傅勇，2008. 中国的分权为何不同：一个考虑政治激励与财政激励的分析框架 [J]. 世界经济 (11)：16-25.

高雷，宋顺林，2007. 掏空、财富效应与投资者保护：基于上市公司关联担保的经验证据 [J]. 中国会计评论 (1)：21-42.

高良谋，李宇，2009. 企业规模与技术创新倒 U 关系的形成机制与动态拓展 [J]. 管理世界 (8)：113-123.

顾元媛，沈坤荣，2012. 地方政府行为与企业研发投入：基于中国省际面板数据的实证分析 [J]. 中国工业经济 (10)：77-88.

郭峰，胡军，2014. 官员任期、政绩压力和城市房价：基于中国 35 个大中城市的经验研究 [J]. 经济管理 (4)：9-18.

韩峰，袁香钰，尹靖华，2022. 地方政府"两手"供地与企业创新：基于土地市场交易数据和企业微观数据的实证分析 [J]. 经济理论与经济管理，42 (11)：74-96.

韩媛媛，2013. 融资约束、出口与企业创新：机理分析与基于中国数据的实证 [D]. 杭州：浙江大学.

郝项超，2015. 高管薪酬、政治晋升激励与银行风险 [J]. 财经研究 (6)：94-106.

何贤杰，朱红军，陈信元，2008. 政府的多重利益驱动与银行的信贷行为 [J]. 金融研究 (6)：1-20.

何智美，王敬云，2007. 地方保护主义探源：一个政治晋升博弈模型 [J].
山西财经大学学报（5）：1-6.

贺炎林，张瀛文，莫建明，2014. 不同区域治理环境下股权集中度对公司
业绩的影响 [J]. 金融研究（12）：148-163.

贺云龙，黄欣，郑琦，2022. 高管晋升制度创新与企业绩效 [J]. 财会月
刊（17）：40-49.

黑启明，2005. 政府规制的劳动关系理论与策略研究 [D]. 天津：天津师
范大学.

后青松，2015. 晋升锦标赛、市场一体化与企业研发创新研究 [D]. 武汉：
华中科技大学.

胡宁，2014. 政治联系、管理层权力与国有企业投资决策 [J]. 上海经济研
究（12）：105-113，121.

黄宝凤，来根炎，2023. 国企高管政治晋升激励对股价崩盘风险的影响研
究 [J]. 经营与管理（1）：20-27.

黄俊，陈信元，2011. 集团化经营与企业研发投资：基于知识溢出与内部
资本市场视角的分析 [J]. 经济研究（6）：80-92.

黄孟复，2007. 民营企业可望进军垄断业 [J]. 经营管理者（12）：30-31.

黄兴孝，沈维涛，2009. 政府干预、内部人控制与上市公司并购绩效 [J].
经济管理，31（6）：70-76.

江飞涛，耿强，吕大国，等，2012. 地区竞争、体制扭曲与产能过剩的形
成机理 [J]. 中国工业经济（6）：44-56.

江静，2011. 公共政策对企业创新支持的绩效：基于直接补贴与税收优惠
的比较分析 [J]. 科研管理（4）：1-8，50.

江雅雯，黄燕，徐雯，2012. 市场化程度视角下的民营企业政治关联与研
发 [J]. 科研管理，33（10）：48-55.

姜付秀，黄继承，2011. 经理激励、负债与企业价值 [J]. 经济研究，46
（5）：46-60.

姜涛，王怀明，2012. 高管激励对高新技术企业 R&D 投入的影响：基于实
际控制人类型视角 [J]. 研究与发展管理（4）：53-60.

蒋伏心，林江，2010. 晋升锦标赛、财政周期性与经济波动：中国改革开
放以来的经验 [J]. 财贸经济（7）：44-50.

解维敏，2012. 财政分权、晋升竞争与企业研发投入 [J]. 财政研究（6）：

30-32.

金智, 2013. 官员异地交流、政绩诉求与公司会计政策选择 [J]. 会计研究 (11): 31-37, 95.

李博, 李启航, 2012. 经济发展、所有制结构与技术创新效率 [J]. 中国科技论坛 (3): 29-35.

李德辉, 潘丽君, 尚铎, 2023. 企业数字化转型、冗余资源与创新产出: 基于中国非金融上市公司的考察 [J]. 软科学, 37 (9): 1-7.

李婧, 2013. 政府 R&D 资助对企业技术创新的影响: 一个基于国有与非国有企业的比较研究 [J]. 研究与发展管理, 25 (3): 18-24.

李军强, 任浩, 汪明月, 2023. 外部投资者参与创新合作视角下研发补贴的最优边界问题研究 [J]. 管理评论, 35 (11): 102-112, 125.

李莉, 高洪利, 顾春霞, 等, 2013. 政治关联视角的民营企业行业进入选择与绩效研究: 基于 2005—2010 年民营上市企业的实证检验 [J]. 南开管理评论 (4): 94-105.

李莉, 顾春霞, 于嘉懿, 2018. 高管政治晋升对国有企业创新投资的影响研究: 基于监管独立性和市场化进程的双重探讨 [J]. 科学学研究, 36 (2): 342-351, 360.

李莉, 顾春霞, 于嘉懿, 2018. 国企高管政治晋升、背景特征与过度投资 [J]. 预测, 37 (1): 29-35.

李维安, 邱艾超, 古志辉, 2010. 双重公司治理环境、政治联系偏好与公司绩效: 基于中国民营上市公司治理转型的研究 [J]. 中国工业经济 (6): 85-95.

李维安, 邱艾超, 牛建波, 等, 2010. 公司治理研究的新进展: 国际趋势与中国模式 [J]. 南开管理评论 (6): 13-24, 49.

李晓冬, 王龙伟, 2015. 市场导向、政府导向对中国企业创新驱动的比较研究 [J]. 管理科学 (6): 1-11.

李欣怡, 2023. 盈利能力、创新投入对中国高新技术企业对外投资规模的影响研究: 基于企业成长性的调节模型 [J]. 商展经济 (16): 93-96.

李延喜, 曾伟强, 马壮, 等, 2015. 外部治理环境、产权性质与上市公司投资效率 [J]. 南开管理评论 (1): 25-36.

李延喜, 陈克兢, 姚宏, 等, 2012. 基于地区差异视角的外部治理环境与盈余管理关系研究: 兼论公司治理的替代保护作用 [J]. 南开管理评论

（4）：89-100.

梁上坤，2013. 行政级别对国企高管的激励与控制效应［D］. 南京：南京
　　大学.

廖开容，陈爽英，2011. 制度环境对民营企业研发投入影响的实证研究
　　［J］. 科学学研究（9）：1342-1348.

林炜，2013. 企业创新激励：来自中国劳动力成本上升的解释［J］. 管理世
　　界（10）：95-105.

林毅夫，李志赟，2004. 政策性负担、道德风险与预算软约束［J］. 经济研
　　究（2）：17-27.

刘慧龙，张敏，王亚平，等，2010. 政治关联、薪酬激励与员工配置效率
　　［J］. 经济研究（9）：109-121，136.

刘萌，江力涵，史晋川，2021. 政府规制与企业创新：基于疫苗上市公司
　　的案例分析［J］. 经济理论与经济管理，41（11）：97-112.

刘青松，肖星，2015. 国有企业高管的晋升激励和薪酬激励：基于高管双
　　重身份的视角［J］. 技术经济（2）：93-100.

刘青松，肖星，2015. 败也业绩，成也业绩？：国企高管变更的实证研究
　　［J］. 管理世界（3）：151-163.

刘小鲁，2011. 知识产权保护、自主研发比重与后发国家的技术进步［J］.
　　管理世界（10）：10-19，187.

刘笑霞，李明辉，2009. 企业研发投入的影响因素：基于我国制造企业调
　　查数据的研究［J］. 科学学与科学技术管理，30（3）：17-23.

刘运国，刘雯，2007. 我国上市公司的高管任期与 R&D 支出［J］. 管理世
　　界（1）：128-136.

刘志强，余明桂，2009. 投资者法律保护、产品市场竞争与现金股利支付
　　力度：来自中国制造业上市公司的经验证据［J］. 管理学报，6（8）：
　　1090-1097，1103.

刘志远，花贵如，2009. 政府控制、机构投资者持股与投资者权益保护
　　［J］. 财经研究，35（4）：119-130.

龙静，黄勋敬，余志杨，2012. 政府支持行为对中小企业创新绩效的影响：
　　服务性中介机构的作用［J］. 科学学研究（5）：782-788，790-792.

龙硕，胡军，2014. 政企合谋视角下的环境污染：理论与实证研究［J］. 财
　　经研究（10）：131-144.

卢峰，姚洋，2004. 金融压抑下的法治、金融发展和经济增长 [J]. 中国社会科学（1）：42-55，206.

卢锐，2014. 企业创新投资与高管薪酬业绩敏感性 [J]. 会计研究（10）：36-42，96.

卢馨，何雨晴，吴婷，2016. 国企高管政治晋升激励是长久之计吗？[J]. 经济管理（7）：94-106.

罗党论，唐清泉，2009. 政治关系、社会资本与政策资源获取：来自中国民营上市公司的经验证据 [J]. 世界经济（7）：84-96.

罗富碧，刘露，2017. 国企高管政治晋升、研发投资与企业绩效 [J]. 科技进步与对策，34（16）：91-97.

罗瑾琏，张志菲，李树文，2023. 科创企业员工创新自驱力生成与迭代机制研究 [J]. 科研管理，44（9）：171-181.

罗明新，马钦海，胡彦斌，2013. 政治关联与企业技术创新绩效：研发投资的中介作用研究 [J]. 科学学研究，31（6）：938-947.

罗钦文，2022. 政治晋升预期与国企高管业绩-薪酬敏感性 [D]. 昆明：云南财经大学.

骆品亮，1997. 企业家魄力与国有企业 R&D 活动 [J]. 科研管理（1）：58-62.

马歇尔，1964. 经济学原理 [M]. 朱志泰，译. 北京：商务印书馆.

梅洁，2015. 国有控股公司管理层报酬的政策干预效果评估：基于"限薪令"和"八项规定"政策干预的拟自然实验 [J]. 证券市场导报（12）：36-44.

潘红波，陈世来，2017. 劳动合同法、企业投资与经济增长 [J]. 经济研究，52（4）：92-105.

潘红波，余明桂，2011. 支持之手、掠夺之手与异地并购 [J]. 经济研究，46（9）：108-120.

潘子成，易志高，2023. 内部薪酬差距、高管团队社会资本与企业双元创新 [J]. 管理工程学报，37（3）：26-41.

皮建才，殷军，2012. 经济全球化背景下的地方政府行为与国内市场分割 [J]. 经济管理，34（10）：1-9.

皮天雷，2010. 经济转型中的法治水平、政府行为与地区金融发展：来自中国的新证据 [J]. 经济评论（1）：36-49.

钱先航，曹廷求，李维安，2011. 晋升压力、官员任期与城市商业银行的贷款行为 [J]. 经济研究 (12)：72-85.

乔宝云，刘乐峥，尹训东，等，2014. 地方政府激励制度的比较分析 [J]. 经济研究 (10)：102-110.

乔坤元，2013. 我国官员晋升锦标赛机制的再考察：来自省、市两级政府的证据 [J]. 财经研究 (4)：123-133.

秦雪征，尹志锋，周建波，等，2012. 国家科技计划与中小型企业创新：基于匹配模型的分析 [J]. 管理世界 (4)：70-81.

青美平措，2014. 国企 CEO 政治晋升激励如何影响公司 R&D 支出？[D]. 北京：清华大学.

邱灿华，张庆洪，2000. 我国国有工业企业技术创新障碍分析 [J]. 同济大学学报（社会科学版）(1)：40-44.

任浩锋，宋玉臣，张炎炎，2023. 最优资本结构偏离对企业创新的影响研究 [J]. 管理学报，20 (9)：1344-1352.

舒晓兵，2005. 管理人员工作压力源及其影响：国有企业与私营企业的比较 [J]. 管理世界 (8)：105-113.

宋建，王怡静，2023. RD 税费减免对中国企业生产率激励效应的非线性研究 [J]. 经济学报，10 (3)：153-194.

宋增基，郭桂玺，张宗益，2011. 公司经营者物质报酬、政治激励与经营绩效：基于国有控股上市公司的实证分析 [J]. 当代经济科学 (4)：99-104，128.

苏敬勤，林菁菁，2016. 国有企业的自主创新：除了政治身份还有哪些情境因素？[J]. 管理评论 (3)：230-240.

孙婷，温军，秦建群，2011. 金融中介发展、政府干预与企业技术创新：来自我国转轨经济的经验证据 [J]. 科技进步与对策，28 (20)：75-79.

孙晓华，李明珊，2014. 研发投资：企业行为，还是行业特征？[J]. 科学学研究 (5)：724-734.

谭劲松，简宇寅，陈颖，2012. 政府干预与不良贷款：以某国有商业银行 1988—2005 年的数据为例 [J]. 管理世界 (7)：29-43，187.

唐清泉，巫岑，2015. 银行业结构与企业创新活动的融资约束 [J]. 金融研究 (7)：116-134.

唐清泉，徐欣，曹媛，2009. 股权激励、研发投入与企业可持续发展：来自中国上市公司的证据 [J]. 山西财经大学学报 (8)：77-84.

唐清泉，徐欣，2010. 企业 R&D 投资与内部资金：来自中国上市公司的研究 [J]. 中国会计评论，8 (3)：341-362.

唐雪松，周晓苏，马如静，2010. 政府干预、GDP 增长与地方国企过度投资 [J]. 金融研究 (8)：33-48.

陶然，袁飞，曹广忠，2007. 区域竞争、土地出让与地方财政效应：基于 1999—2003 年中国地级城市面板数据的分析 [J]. 世界经济 (10)：15-27.

万华林，陈信元，2010. 治理环境、企业寻租与交易成本：基于中国上市公司非生产性支出的经验证据 [J]. 经济学（季刊）(2)：553-570.

万良勇，2013. 法治环境与企业投资效率：基于中国上市公司的实证研究 [J]. 金融研究 (12)：154-166.

王苍峰，2009. 税收减免与研发投资：基于我国制造业企业数据的实证分析 [J]. 税务研究 (11)：25-28.

王曾，符国群，黄丹阳，等，2014. 国有企业 CEO "政治晋升" 与 "在职消费" 关系研究 [J]. 管理世界 (5)：157-171.

王昌林，2004. 基于公司治理机制的企业技术创新行为研究 [D]. 重庆：重庆大学.

王凤荣，高飞，2012. 政府干预、企业生命周期与并购绩效：基于我国地方国有上市公司的经验数据 [J]. 金融研究 (12)：137-150.

王珏，骆力前，郭琦，2015. 地方政府干预是否损害信贷配置效率？[J]. 金融研究 (4)：99-114.

王俊秋，张奇峰，2007. 法律环境、金字塔结构与家族企业的 "掏空" 行为 [J]. 财贸研究 (5)：97-104.

王雷，高长春，2006. 小企业集群自主创新能力不足的路径依赖 [J]. 软科学 (5)：109-112.

王山慧，王宗军，田原，2013. 管理者过度自信与企业技术创新投入关系研究 [J]. 科研管理 (5)：1-9.

王世磊，张军，2008. 中国地方官员为什么要改善基础设施？：一个关于官员激励机制的模型 [J]. 经济学（季刊）(2)：383-398.

王贤彬，徐现祥，周靖祥，2010. 晋升激励与投资周期：来自中国省级官员的证据 [J]. 中国工业经济 (12)：16-26.

王贤彬，张莉，徐现祥，2014. 地方政府土地出让、基础设施投资与地方经济增长 [J]. 中国工业经济 (7)：31-43.

王雅茹，2016. 国有企业高管政治晋升与媒体正面关注 [D]. 大连：东北财经大学.

王彦超，林斌，2008. 金融中介、非正规金融与现金价值 [J]. 金融研究 (3)：177-199.

王燕妮，2011. 高管激励对研发投入的影响研究：基于我国制造业上市公司的实证检验 [J]. 科学学研究，29 (7)：1071-1078.

王振山，宋书彬，战宇，2010. 成长期与成熟期科技创新企业分红与研发：地域、公司治理、股权结构的影响 [J]. 山西财经大学学报 (10)：95-102.

尉晓亮，张庆，杨汉明，2023. 企业家情怀、风险承担能力与企业创新绩效 [J]. 科技进步与对策，40 (11)：131-140.

魏明海，柳建华，2007. 国企分红、治理因素与过度投资 [J]. 管理世界 (4)：88-95.

吴芳芳，2008. 法治水平对金融发展的影响：基于中国省级面板数据的分析 [J]. 商情 (财经研究) (5)：32-33.

吴育辉，吴世农，2011. 股权集中、大股东掏空与管理层自利行为 [J]. 管理科学学报，14 (8)：34-44.

夏立军，方轶强，2005. 政府控制、治理环境与公司价值：来自中国证券市场的经验证据 [J]. 经济研究 (5)：40-51.

夏芸，2014. 管理者权力、股权激励与研发投资：基于中国上市公司的实证分析 [J]. 研究与发展管理 (4)：12-22.

肖海莲，唐清泉，周美华，2014. 负债对企业创新投资模式的影响：基于 R&D 异质性的实证研究 [J]. 科研管理，35 (10)：77-85.

辛清泉，林斌，王彦超，2007. 政府控制、经理薪酬与资本投资 [J]. 经济研究 (8)：110-122.

辛清泉，谭伟强，2009. 市场化改革、企业业绩与国有企业经理薪酬 [J]. 经济研究，44 (11)：68-81.

徐彪，李心丹，张珣，2011. 区域环境对企业创新绩效的影响机制研究 [J]. 科研管理 (9)：147-156.

徐光伟，刘星，2010. 制度环境对国有企业资本结构影响的实证研究 [J]. 软科学，24 (5)：90-94.

徐辉, 周孝华, 2020. 外部治理环境、产融结合与企业创新能力 [J]. 科研管理, 41 (1): 98-107.

徐经长, 王胜海, 2010. 核心高管特征与公司成长性关系研究: 基于中国沪深两市上市公司数据的经验研究 [J]. 经济理论与经济管理 (6): 58-65.

徐宁, 2013. 高科技公司高管股权激励对 R&D 投入的促进效应: 一个非线性视角的实证研究 [J]. 科学学与科学技术管理 (2): 12-19.

徐细雄, 刘星, 2012. 金融契约、控制权配置与企业过度投资 [J]. 管理评论, 24 (6): 20-26.

徐细雄, 2012. 晋升与薪酬的治理效应: 产权性质的影响 [J]. 经济科学 (2): 102-116.

徐现祥, 王贤彬, 2010. 晋升激励与经济增长: 来自中国省级官员的证据 [J]. 世界经济, 33 (2): 15-36.

徐业坤, 钱先航, 李维安, 2013. 政治不确定性、政治关联与民营企业投资: 来自市委书记更替的证据 [J]. 管理世界 (5): 116-130.

许家云, 毛其淋, 2016. 政府补贴、治理环境与中国企业生存 [J]. 世界经济, 39 (2): 75-99.

许坤, 刘杰, 2023. 公共性发展金融与企业创新 [J]. 经济学 (季刊), 23 (6): 2454-2470.

许楠, 刘雪琴, 2022. 减税降费对企业创新产出存在门槛效应吗?: 基于政府干预程度的非线性调节 [J]. 财会通讯 (21): 24-29.

许年行, 罗炜, 2011. 高管政治升迁和公司过度投资行为 [D]. 北京: 中国人民大学.

许秀梅, 党晓虹, 2022. CEO 技术专长与企业技术资本积累: CEO 过度自信的调节效应 [J]. 科技进步与对策, 39 (22): 140-150.

薛捷, 2015. 区域创新环境对科技型小微企业创新的影响: 基于双元学习的中介作用 [J]. 科学学研究 (5): 782-791.

斯密, 2003. 道德情操论 [M]. 余涌, 等译. 北京: 中国社会科学出版社.

杨朝均, 刘冰, 毕克新, 2019. 政府管制下内外资企业绿色创新扩散的演化博弈研究 [J]. 软科学, 33 (12): 86-91.

杨建东, 李强, 曾勇, 2010. 创业者个人特质、社会资本与风险投资 [J]. 科研管理, 31 (6): 65-72, 112.

杨觉英, 2000. 组织与管理概论 [M]. 北京: 经济科学出版社.

杨其静, 郑楠, 2013. 地方领导晋升竞争是标尺赛、锦标赛还是资格赛 [J]. 世界经济 (12): 130-156.

杨瑞龙, 王元, 聂辉华, 2013. "准官员"的晋升机制: 来自中国央企的证据 [J]. 管理世界 (3): 23-33.

杨兴全, 张照南, 2010. 治理环境、控制权与现金流权分离及现金持有量: 我国民营上市公司的实证研究 [J]. 审计与经济研究 (1): 66-72.

杨洋, 魏江, 罗来军, 2015. 谁在利用政府补贴进行创新?: 所有制和要素市场扭曲的联合调节效应 [J]. 管理世界 (1): 75-86, 98, 188.

姚洋, 张牧扬, 2013. 官员绩效与晋升锦标赛: 来自城市数据的证据 [J]. 经济研究 (1): 137-150.

伊力奇, 李涛, 宋志成, 2022. 国有企业高管政治激励与企业社会责任 [J]. 技术经济与管理研究 (11): 67-72.

易先忠, 张亚斌, 刘智勇, 2007. 自主创新、国外模仿与后发国知识产权保护 [J]. 世界经济 (3): 31-40.

于洋, 2015. 国有企业高管社会网络与企业创新行为关系研究 [D]. 沈阳: 辽宁大学.

于长宏, 原毅军, 2015. CEO 过度自信与企业创新 [J]. 系统工程学报 (5): 636-641.

余明桂, 回雅甫, 潘红波, 2010. 政治联系、寻租与地方政府财政补贴有效性 [J]. 经济研究 (3): 65-77.

余泳泽, 2011. 政府支持、制度环境、FDI 与我国区域创新体系建设 [J]. 产业经济研究 (1): 47-55.

袁东任, 汪炜, 2015. 信息披露与企业研发投入 [J]. 科研管理 (11): 80-88.

袁建国, 后青松, 程晨, 2015. 企业政治资源的诅咒效应: 基于政治关联与企业技术创新的考察 [J]. 管理世界 (1): 139-155.

熊彼特, 1990. 经济发展理论 [M]. 邹建平, 译. 北京: 商务印书馆.

张大为, 黄秀丽, 2023. 产业政策、内外部治理与企业绿色投资 [J]. 财会通讯 (24): 53-56, 82.

张皓, 赵佩玉, 梁维娟, 等, 2022. 空间集聚、产业关联与企业创新 [J]. 产业经济研究 (5): 28-41.

张洪辉，夏天，王宗军，2010. 公司治理对我国企业创新效率影响实证研究 [J]. 研究与发展管理，22（3）：44-50.

张霖琳，刘峰，蔡贵龙，2015. 监管独立性、市场化进程与国企高管晋升机制的执行效果：基于 2003—2012 年国企高管职位变更的数据 [J]. 管理世界（10）：117-131，187-188.

张平，黄智文，高小平，2014. 企业政治关联与创业企业创新能力的研究：高层管理团队特征的影响 [J]. 科学学与科学技术管理，35（3）：117-125.

张守凤，刘昊蓉，2023. 人力资本结构对企业科技创新绩效的影响 [J]. 科技进步与对策，40（14）：62-73.

张素平，胡保亮，项益鸣，2023. 商业生态系统治理、高管团队社会资本与企业商业模式创新 [J]. 管理评论，35（10）：163-174.

张同斌，高铁梅，2012. 财税政策激励、高新技术产业发展与产业结构调整 [J]. 经济研究（5）：58-70.

张兆国，刘亚伟，亓小林，2013. 管理者背景特征、晋升激励与过度投资研究 [J]. 南开管理评论，16（4）：32-42.

张兆国，刘亚伟，杨清香，2014. 管理者任期、晋升激励与研发投资研究 [J]. 会计研究（9）：81-88，97.

章纪超，黄静，2023. 法治环境、融资支持与企业创新：来自司法体制改革的准自然实验证据 [J]. 新金融（1）：50-57.

赵静，郝颖，2014. 政府干预、产权特征与企业投资效率 [J]. 科研管理，35（5）：84-92.

赵阳丹露，任劼，2023. 市场化进程对区域创新能力的影响研究：基于资本要素配置的机制检验 [J]. 商业经济研究（15）：183-188.

郑代良，钟书华，2010. 1978—2008：中国高新技术政策文本的定量分析 [J]. 科学学与科学技术管理，31（4）：176-181.

郑志刚，李东旭，许荣，等，2012. 国企高管的政治晋升与形象工程：基于 N 省 A 公司的案例研究 [J]. 管理世界（10）：146-156，188.

郑中和，胡旭微，2024. 市场竞争、组织冗余与企业创新能力 [J]. 生产力研究（1）：128-134，161.

钟海燕，冉茂盛，文守逊，2010. 政府干预、内部人控制与公司投资 [J]. 管理世界（7）：98-108.

仲伟周，王军，2010. 地方政府行为激励与我国地区能源效率研究［J］. 管理世界（6）：171-172.

周高辉，2011. 改革开放后中国技术创新政策的演化分析［J］. 经济论坛（11）：103-104.

周建，金媛媛，袁德利，2013. 董事会人力资本、CEO 权力对企业研发投入的影响研究：基于中国沪深两市高科技上市公司的经验证据［J］. 科学学与科学技术管理（3）：170-180.

周建，许为宾，余耀东，2015. 制度环境、CEO 权力与企业战略风格［J］. 管理学报（6）：807-813.

周黎安，2021. 地区增长联盟与中国特色的政商关系［J］. 社会，41（6）：1-40.

周黎安，2008. 中国地方政府公共服务的差异：一个理论假说及其证据［J］. 新余高专学报（4）：5-6.

周黎安，2004. 晋升博弈中政府官员的激励与合作：兼论我国地方保护主义和重复建设问题长期存在的原因［J］. 经济研究（6）：33-40.

周黎安，2022. 晋升锦标赛文献评述与研究展望［J］. 经济管理学刊，1（1）：1-34.

周黎安，2007. 中国地方官员的晋升锦标赛模式研究［J］. 经济研究（7）：36-50.

周铭山，张倩倩，2016. "面子工程"还是"真才实干"？：基于政治晋升激励下的国有企业创新研究［J］. 管理世界（12）：116-132，187-188.

周权雄，朱卫平，2010. 国企锦标赛激励效应与制约因素研究［J］. 经济学（季刊）（2）：571-596.

周权雄，2010. 双重任务、共同代理与国有企业创新激励［D］. 广州：暨南大学.

周小虎，陈传明，2004. 企业社会资本与持续竞争优势［J］. 中国工业经济（5）：90-96.

周晓慧，邹肇芸，2014. 经济增长、政府财政收支与地方官员任期：来自省级的经验证据［J］. 经济社会体制比较（6）：112-125.

周雅琴，2009. 市场经济条件下我国公务员薪酬制度的研究［D］. 长沙：湖南大学.

庄子银，贾红静，李汛，2023. 知识产权保护对企业创新的影响研究：基于企业异质性视角［J］. 南开管理评论，26（5）：61-73.

ALMUS M, CZARNITZKI D, 2003. The effects of public R&D subsidies on firms' innovation activities: the case of eastern germany [J]. Journal of business and economic statistics, 21 (7): 226-236.

BAKER S R, BLOOM N, DAVIS S J, 2013. Measuring economic policy uncertainty [R]. Stanford mimeo.

BANDIERA O, BARANKAY I, RASUL I, 2005. Social preferences and response to incentives: evidence from personnel data [J]. Quarterly journal of economics, 120 (3): 917-962.

BAYSINGER B D, KOSNIK R D, TURK T A, 1991. Effect of board and ownership structure on corporate R&D strategy [J]. Academy of management journal, 34 (1): 205-214.

BAYSINGER B, HOSKISSON R E, 1989. Diversification Strategy and R&D Intensity in Multiproduct Firms [J]. Academy of management journal (32): 310-332.

BEBCHUK L A, FRIED J M, WALKER D I, 2002. Managerial power and rent extraction in the design of executive compensation [J]. University of Chicago law review, 69 (3): 751-846.

BERLE J, ADOLF A, GARDINER C, 1932. The modern corporation and private property [M]. London: Macmillan.

BILLINGS B A, FRIED Y, 1999. The effects of taxes and organizational variables on research and development intensity [J]. R&D management, 29 (3): 289-301.

BLANCHARD O, ANDREW S, 2001. Federalism with and without political centralization: China vs. Russia [J]. IMF staff papers (48): 171-179.

BLOOM N, GRIFFITH R, VAN REENEN J, 2002. Do R&D tax credits work evidence from a panel of countries 1979-1997 [J]. Journal of public economics (85): 1-31.

BLYLER M, COFF R W, 2003. Dynamic capabilities, social capital, and rent appropriation: ties that split pies [J]. Strategic management journal, 24 (7): 677-686.

BOSWORTH D, ROGERS M, 2001. Market value, R&D and intellectual property: an empirical analysis of large Australian firms [J]. Economic record (77): 323-337.

CHIAO C, 2002. Relationship between debt, R&D and physical investment: evidence from US firm-level data [J]. Applied financial economics, 12 (2): 105-121.

CHILD J, 1974. Managerial and organizational factors associated with company performance [J]. Journal of management study (11): 13-27.

COASE R H, 1937. The nature of the firm [J]. Economic (4): 386-405.

COHEN W M, LEVINTHAL D A, 1990. Absorptive capacity: a new perspective on learning and innovation [J]. Administrative science quarterly, 35 (1): 128-152.

CZARNITZKI D, 2006. Research and development in small and medium-sized enterprises: the role of financial constraints and public funding [J]. Scottish journal of political economy, 53 (7).

DALZIEL T, GENTRY R J, BOWERMAN M, 2011. An integrated agency- resource dependence view of the influence of directors' human and relational capital on firms' R&D spending [J]. Journal of management studies, 48 (6): 1217-1242.

DANIEL K, DAVID H, AVANIDHAR S, 1990. Investor psychology and security market under-and-over-reactions [J]. Journal of finance, 53 (6): 1839-1886.

DAVID B, GIDEON D, LUIS R GOMEZ-MEJIA, 2000. Is CEO pay in high-technology firms related to innovation? [J]. The academy of management journal, 43 (6): 1118-1129.

DEFOND M L, HUNG M, 2004. Investor protection and corporate governance: evidence from worldwide CEO turnover [J]. Journal of accounting research, 42 (2): 269-312.

DEMERJIAN P, LEV B, MCVAY S, 2012. Quantifying managerial ability: a new measure and validity tests [J]. Management science (3): 1229-1248.

DEMIRGU K A, MAKSIMOVIC V, 1998. Law, finance, and firm growth [J]. Journal of finance, 53 (6): 2107- 2137.

DEWATRIPONT M, MASKIN E, 1995. Credit and efficiency in centralized and decentralized economies [J]. The review of economic studies, 62 (4): 541-555.

EASTERLY W, 2005. National policies and economic growth: a reappraisal [J]. Handbook of economic growth (1): 1015-1059.

FALK M, KOEBEL B M, 2004. The impact of office machinery and computer capital on the demand for heterogeneous labour [J]. Labour economics, 11 (1): 99-117.

FAMA E F, JENSEN M, 1983. Agency problems and residual claims [J]. Journal of law and economics (26): 327-349.

FARRELL D, GRANT A J, 2005. China's looming talent shortage [J]. The McKinsey quarterly, 56 (4): 70-79.

FRANCIS J, SMITH A, 1995. Agency costs and innovation [J]. Journal of accounting and economics, 19 (3): 383-409.

FREEMAN C, 1987. Technology policy and economic performance: lessons from Japan [M]. California: Pinter Pubshers.

GALASSO A, SIMCOE T, 2011. CEO overconfidence and innovation [J]. Management science, 57 (8): 1469-1484.

GALBRAITH J K, 1952. American capitalism: the concept of countervailing power [M]. Boston: Houghton-Mifflin.

GENTRY R J, SHEN W, 2013. The impacts of performance relative to analyst forecasts and analyst coverage on firm R&D intensity [J]. Strategic management journal, 34 (1): 121-130.

GIBBONS R, MURPHY K, 1992. Optimal incentive contracts in the present of career concerns: theory and evidence [J]. Journal of political economy, 100: 468-505.

GREEN J R, STOCKEY N L, 1983. A comparison of toumaments and contracts [J]. Journal of political economy (91): 349-364.

GUO G, 2009. China's local political budget cycles [J]. American journal of political science, 53 (3): 621-632.

HALL R, 1992. The strategic analysis of intangible resources [J]. Strategic management journal, 13 (2): 135-144.

HAMBRICK D C, MASON P, 1984. Upper echelons: the organization as a reflection of its top managers [J]. Academy of management review, 9 (2): 193-206

HARHOFF, DIETMAR, FRANCIS, et al., 1997. Citation frequency and the value of patented innovation [R]. WZB Discussion Papers.

HEHUI J, YINGYI Q, BERRY W, 2005. Regional decentralization and fiscal incentives: federalism, Chinese style [J]. Journal of public economics (89): 1719-1742.

Hill C W L, Snell S A, 1988. External control, corporate strategy, and firm performance in research intensive industries [J]. Strategic management journal, 9 (6): 577-590.

HOLMSTROM, BENGT, 1989. Agency costs and innovation [J]. Journal of economic behavior and organization, 12 (3): 305-327.

HONGBIN C, DANIEL T, 2006. Did government decentralization cause China's economic miracle [J]. World politics, 58 (4): 504-535.

HUGHES J P, 2009. Corporate vlaue, ultimate control and law protection for investors in Western Europe [J]. Management accounting research, (20): 41-52.

HUSSINGER K, 2008. R&D and subsidies at the firm level: an application of parametric and semiparametric two-step selection models [J]. Journal of applied econometrics (23): 729-747.

JAFFE A, 2002. Building program evaluation into the design of public research-support programs [J]. Oxford review of economic policy, 18 (10): 23-33.

JAPPELLI T, PAGANO M, BIANCO M, 2005. Courts and banks: effects of judicial enforcement on credit markets [J]. Journal of money, credit and banking, 37: 223-244.

JENSEN M C, MECKLING W H, 1976. Theory of the firm: managerial behavior, agency costs and ownership structure [J]. Journal of financial economics, 4 (10): 305-360.

JENSEN M, MURPHY K, 1990. Performance compensation and top management incentives [J]. Journal of political economy (98): 225-264.

JONES B F, OLKEN B A, 2005. Do leaders matter? national leadership and growth since world war II [J]. The quarterly journal of economics, 120:

835-864.

KAPLAN S, 2011. Research in cognition and strategy: reflections on two decades of progress and a look to the future [J]. Journal of management studies, 48 (3): 665-694.

KENT D, HIRSHLEIFER D, AVANIDHAR S, 1990. Investor psychology and security market under-and-over-reactions [J]. Journal of finance, 53 (6): 1839-1886.

KLETTET, GRILICHES Z, 2000. Empirical patterns of firm growth and R&D investment: a quality ladder model interpretation [J]. Economic journal, 110 (463): 363-387.

KORNAI J, 1979. Resource-constrained versus demand-constrained systems [J]. Econometrica, 47: 801-819.

KRAATZ M S, ZAJAC E J, 1996. Exploring the limits of the new institutionalism: the causes and consequences of illegitimate organizational change [J]. American sociological review, 61: 812-836.

LA P R, LOPEZ-DE-SILANES F, SHLEIFER A, et al., 2002. Investor protection and corporate valuation [J]. Journal of finance, 57 (3): 1147-1170.

LA P R., F. LOPEZ-DE-SILANES, SHLEIFER A, 2006. What works in securities laws? [J]. Journal of finance (61): 1-32.

LACH S, 2002. Do R&D subsidies stimulate or displace private R&D: evidence from Israel [J]. Journal of industrial economics (50): 369-390.

LAZEAR E P, ROSEN S, 1981. Rank-order tournaments as optimal labor contracts [J]. Journal of political economy (89): 841-864.

LEUZ C, NANDS D, WYSOCKI P, 2003. Earning management and investor protection: an international comparison [J]. Journal of financial economics, 69 (3): 505-527.

LI B, WALDER A G, 2001. Career advancement as party patronage sponsored mobility into the Chinese administrative elite, 1949-1996 [J]. The American journal of sociology, 106 (5): 1371-1408.

LI H, ZHOU L A, 2005. Political turnover and economic performance: the incentive role of personnel control in China [J]. Journal of public economics,

89, (9, 10): 1743-1762.

LIN CHEN, LIN PING, SONG F M, 2011. Managerial incentives, CEO characteristics and corporate innovation in China's private sector [J]. Journal of comparative economics, 39 (2): 176-190.

LUO W J, QIN S K, 2021. China's local political turnover in the twenty-first century [J]. Journal of Chinese political science (21): 1-24.

MANSO G, 2011. Motivating innovation [J]. Journal of finance, 66 (5): 1823-1860.

MASKIN E, YINGYI Q, CHENGGANG X, 2000. Incentives, scale economies, and organization forms [J]. Review of economic studies (67): 359-378.

MATTHLAS K, 2005. Helping and sabotaging in tournaments [J]. International game theory review (2): 211-228.

MICHAEL S C, PEARCE J A, 2009. The need for innovation as a rationale for government involvement in entrepreneurship [J]. Entrepreneurship & regional development, 21 (3): 285-302.

MINTZBERG H, 1973. Strategy making in three modes [J]. California management review, 16 (2): 44.

MONTINOLA G, YINGYI Q, BERRY W, 1995. Federalism, Chinese style: the political basis for economic success in China [J]. World politics (48): 50-81.

NALEBUFF, BARRY J, STIGLITZ, JOSEPH E, 1983. Information, competition and markets [J]. American economic review, 73 (2): 278-53.

NORTH D, 1990. Institutions, institutional change and economic performance [M]. Cambridge: Cambridge University Press.

PUTNAM R D, 1993. The prosperous community: social capital and public life [J]. American prospect, 13 (1): 35-42.

QIAN J, STRAHAN P, 2007. How law and institution shape financial contracts: the case of bank loans [J]. Journal of finance, 62: 2803-2834.

RAHEJA C G, MOBBS H S, 2008. Tournaments and heirs: compensation and firm valuation [J]. SRN electronic journal, 52 (2): 86-138.

RAIDER H J, 1998. Market structure and innovation [J]. Social science research (27): 1-21.

RALSTON D A, TERPSTRA - TONG J, TERPSTRA R H, et al., 2006. Today's state-owned enterprises of China: are they dying dinosaurs or dynamic dynamos? [J]. Strategic management journal, 27 (9): 825-843.

ROMER P M, 1990. Endogenous technological change [J]. Journal of political economy (64): 71-102.

ROMER P M, 1986. Increasing returns and long-run growth [J]. Journal of political economy, 94 (5): 1002-1037.

SAPIENZA P, 2004. The effects of government ownership on bank lending [J]. Journal of financial economics (72): 357-384.

SCHERER F, ROSS D, 1990. Industrial market structure and economic performance [M]. Boston: Houghton Mifflin.

SHEN C H, ZHANG H, 2013. CEO risk incentives and firm performance following R&D increases [J]. Journal of banking & finance, 37 (4): 1176-1194.

SHENG Y, 2009. Career incentives and political control under authoritarianism: explaining the political fortunes of subnational leaders in China [R]. Working Paper.

SHI X Y, XI T Y, ZHANG X B, et al., 2021. "Moving umbrella": bureaucratic transfers and the comorement of interregional investment in China [J]. Journal of development economics: 153.

SMITH A, 1937. An inquiry into the nature and causes of the wealth of nations [M]. New York: Random House.

THEO E, SANG CHOON K, 1999. Market structure and innovation revisited: endogenous productivity [J]. Training and market shares: 21-41.

TIEN C, CHEN C, 2012. Myth or reality? Assessing the moderating role of CEO compensation on the momentum of innovation in R&D [J]. International journal of human resource management, 23 (13): 2763-2784.

TUGGLE C S, SCHNATTERLY K, JOHNSON R A, 2010. Attention patterns in the boardroom: how board composition and processes affect discussion of entrepreneurial issues [J]. Academy of management journal (3): 550-571.

WAKASUGI R, ITO B, 2009. The effects of stronger intellectual property rights on technology transfer: evidence from Japanese firm-level data [J]. Journal of technology transfer, 34 (2): 145-158

WALLSTEN S, 2000. The effects of government-industry R&D programs on private R&D: the case of the small business innovation research program [J]. Journal of economics, 31 (1): 82-100.

WANG Z, ZHANG Q H, ZHOU L A, 2020. Career incentives of city leaders and urban spatial expansion in China [J]. Review of economics and statistics, 102: 897-911.

WILLIAM E, 2005. An identity crisis? Examining IMF financial programming [J]. World development, 34 (6): 964-980.

XU C, 2011. The fundamental institutions of China's reforms and development [J]. Journal of economic literature, 49 (4): 1076-1151.

ZHAO W, ZHOU X, 2004. Chinese organizations in transition changing promotion patterns in the reform era [J]. Organization science, 15 (2): 186-199.